全媒体运营

定位策划 + 矩阵打造 + 视频种草 + 直播带货

谭俊杰 ◎ 著

化学工业出版社

·北京·

内 容 简 介

如何进行全媒体入驻、账号定位、文案策划？怎样进行矩阵打造？

如何进行全媒体运营、视频种草、直播带货？怎样进行商业变现？

这些问题，你都可以从本书中找到答案，即使是新手小白，也可以成为全媒体运营达人！

本书通过运营定位、文案策划、内容策划、平台选择、矩阵搭建、运营建设、视频制作、种草玩法、开播技巧、带货技巧和实战案例11个方面，对全媒体的定位策划、矩阵打造、视频种草和直播带货进行了详细的分析，不仅能够让读者快速了解全媒体运营，知晓全媒体运营建设的技巧，还能让读者掌握视频种草和直播带货等变现技巧，教你通过一本书从零开始精通全媒体运营！

此外，本书还赠送了配套的PPT教学课件和电子教案。书中内容通俗易懂，适合新媒体、全媒体运营创业者，以及各行各业的媒体运营从业者，还可作为新媒体、全媒体相关专业的教材使用。

图书在版编目（CIP）数据

全媒体运营：定位策划+矩阵打造+视频种草+直播带货 / 谭俊杰著. -- 北京：化学工业出版社，2024.11.

ISBN 978-7-122-46365-4

Ⅰ．G206.2

中国国家版本馆CIP数据核字第20245PY314号

责任编辑：张素芳　李　辰　　　　　　　　封面设计：异一设计
责任校对：宋　夏　　　　　　　　　　　　装帧设计：盟诺文化

出版发行：化学工业出版社（北京市东城区青年湖南街13号　邮政编码100011）
印　　装：北京宝隆世纪印刷有限公司
710mm×1000mm　1/16　印张14$\frac{3}{4}$　字数301千字　2025年1月北京第1版第1次印刷

购书咨询：010-64518888　　　　　　　　　售后服务：010-64518899
网　　址：http://www.cip.com.cn
凡购买本书，如有缺损质量问题，本社销售中心负责调换。

定　　价：88.00元　　　　　　　　　　　　　　　　　版权所有　违者必究

前言

　　全媒体最初是指采用文字、声音、影像等表现手段，利用广播、电视、报纸、杂志等媒介形态，通过网络进行信息传播。全媒体最主要的特点体现在"全"这个字上，包括3个方面，一是覆盖的范围（全网络融合）；二是技术手段（解决的方法与技巧）；三是受众传播面（用户接收信息的渠道）。

　　目前，随着多种新媒体平台的兴起，特别是微信公众号、视频号、小红书、B站、抖音、快手等平台的火爆，让全媒体的表现形态也发生了很大的变化，因而如何进行全媒体运营，实现商业变现，是很多运营者都非常关注的问题。

　　全书共11章，从定位策划、矩阵打造、视频种草、直播带货、实战案例5个层面讲解了全媒体运营建设的相关内容，为读者提供了较为系统的理论性知识，希望可以帮助读者实现全媒体运营。

　　本书内容全面、结构清晰，详细的内容安排如下。

　　（1）定位策划：第1章～第3章介绍了全媒体的运营定位、文案策划、内容策划等，能够帮助读者快速进入全媒体运营环境中，并进行正确的账号定位，策划出合适的文案与内容。

　　（2）矩阵打造：第4章～第6章介绍了全媒体的平台选择、矩阵搭建、运营建设等内容，能够帮助读者进行平台的选择、实现全媒体的矩阵搭建，从而更好地运营全媒体。

　　（3）视频种草：第7章和第8章介绍了短视频的相关内容，包括爆款短视频的制作、种草短视频的玩法等，能够帮助读者制作出爆款种草短视频，从而更好地进行商业变现。

　　（4）直播带货：第9章和第10章介绍了直播间的开播技巧和带货技巧，帮助读者了解如何在直播间带货，实现变现。

　　（5）实战案例：第11章以《手机视频运镜技巧119招：从脚本、拍摄到剪辑》一书为实战案例，介绍了全媒体运营的操作方法与技巧，能够帮助读者学以致用，精通全媒体运营。

  特别提示：在编写本书时，是基于当前各平台相关的软件和后台截图进行编写的，但书从编辑到出版需要一段时间，在这段时间里，软件界面与功能会有调整与变化，如有的内容删除了，有的内容是新增加的，这是软件开发商做的更新，很正常，请在阅读时，根据书中的思路，举一反三，进行学习即可。

  本书由谭俊杰著，参与编写的人员还有刘芳芳，在此表示感谢。由于作者知识水平有限，书中难免有疏漏之处，恳请广大读者批评、指正。

著 者

目 录

第1章 全媒体的运营定位 ············ 1
1.1 做好账号定位 ···················· 2
1.1.1 厘清关键问题 ···················· 2
1.1.2 明白定位理由 ···················· 3
1.1.3 打上精准标签 ···················· 3
1.1.4 了解基本流程 ···················· 4
1.1.5 明白相关技巧 ···················· 5
1.2 设置账号信息 ···················· 5
1.2.1 账号名字 ························ 6
1.2.2 账号头像 ························ 6
1.2.3 账号简介 ························ 7
1.3 进行用户运营 ···················· 8
1.3.1 确定目标用户 ···················· 8
1.3.2 定位用户需求 ···················· 9
1.3.3 总结用户属性 ··················· 10
1.3.4 探索用户路径 ··················· 11
1.3.5 用户分级管理 ··················· 11
1.3.6 提高用户满意度 ················· 12
本章小结 ···························· 13
课后习题 ···························· 13

第2章 吸睛的文案策划 ············ 14
2.1 设计文章标题 ··················· 15
2.1.1 联系文章主题 ··················· 15
2.1.2 限制文案字数 ··················· 16
2.1.3 选择表现模式 ··················· 17
2.1.4 点明差异性 ····················· 18
2.1.5 具有实用性 ····················· 20

2.2 了解写作方法 ··················· 20
2.2.1 促销活动型 ····················· 21
2.2.2 知识展示型 ····················· 22
2.2.3 技巧普及型 ····················· 22
2.2.4 情感融入型 ····················· 24
2.2.5 故事塑造型 ····················· 25
2.2.6 悬念制造型 ····················· 25
2.3 熟悉注意事项 ··················· 26
2.3.1 提前预览软文 ··················· 26
2.3.2 重视摘要写作 ··················· 27
2.3.3 做好声明原创 ··················· 28
本章小结 ···························· 29
课后习题 ···························· 29

第3章 优质的内容策划 ············ 30
3.1 做好内容定位 ··················· 31
3.1.1 吸引精准人群 ··················· 31
3.1.2 找到用户关注点 ················· 32
3.1.3 输出合适的内容 ················· 32
3.1.4 符合相关标准 ··················· 33
3.1.5 注意相关规则 ··················· 33
3.2 进行内容写作 ··················· 34
3.2.1 设置关键词 ····················· 35
3.2.2 借势热点与节日 ················· 35
3.2.3 选择语言风格 ··················· 36
3.2.4 直白陈述福利 ··················· 38
3.2.5 使用权威数据 ··················· 38
3.2.6 进行举例说明 ··················· 39
3.2.7 巧妙利用连载 ··················· 40

本章小结 ······ 41
课后习题 ······ 42

第4章　全媒体的平台选择 ······ 43

4.1　了解全媒体矩阵 ······ 44
4.1.1　基本内容 ······ 44
4.1.2　基本作用 ······ 44
4.1.3　基本特点 ······ 45

4.2　十大新媒体平台 ······ 45
4.2.1　微信公众号 ······ 45
4.2.2　视频号 ······ 47
4.2.3　小红书 ······ 49
4.2.4　B站 ······ 54
4.2.5　抖音 ······ 57
4.2.6　快手 ······ 59
4.2.7　新浪微博 ······ 62
4.2.8　今日头条 ······ 67
4.2.9　大鱼号 ······ 68
4.2.10　知乎平台 ······ 72

4.3　选择平台的依据 ······ 73
4.3.1　用户纯净度 ······ 73
4.3.2　运营工具 ······ 74
4.3.3　粉丝价值 ······ 76
4.3.4　扶持力度 ······ 77
4.3.5　内容形式 ······ 77
4.3.6　收益模式 ······ 79

本章小结 ······ 80
课后习题 ······ 80

第5章　全媒体的矩阵搭建 ······ 81

5.1　打造全媒体矩阵 ······ 82
5.1.1　入驻并注册账号 ······ 82
5.1.2　多平台发布内容 ······ 83
5.1.3　注意内容的质量 ······ 84
5.1.4　持续学习和提高 ······ 84
5.1.5　打造IP实现变现 ······ 84

5.2　打造高质量团队 ······ 84
5.2.1　确定运营模式 ······ 85
5.2.2　搭建运营结构 ······ 86
5.2.3　学习多项技能 ······ 88
5.2.4　认识新媒体运营 ······ 90
5.2.5　做好编辑工作 ······ 91
5.2.6　做好投放工作 ······ 93
5.2.7　做好商铺管理 ······ 93
5.2.8　积极运营群组 ······ 94

5.3　构建私域流量池 ······ 95
5.3.1　构建数据池 ······ 95
5.3.2　进行流量裂变 ······ 100
5.3.3　打造私域流量 ······ 103

本章小结 ······ 107
课后习题 ······ 107

第6章　全媒体的运营建设 ······ 108

6.1　运营全媒体矩阵 ······ 109
6.1.1　丰富的内容 ······ 109
6.1.2　真实的信息 ······ 110
6.1.3　有趣的故事 ······ 110
6.1.4　持续的输出 ······ 111

6.2　运用合适的工具 ······ 111
6.2.1　话题寻找工具 ······ 111
6.2.2　文案策划工具 ······ 112
6.2.3　活动策划工具 ······ 113
6.2.4　内容编辑工具 ······ 114
6.2.5　图片处理工具 ······ 115
6.2.6　视频音频工具 ······ 116
6.2.7　H5制作工具 ······ 117
6.2.8　二维码生成工具 ······ 118

6.3　做好活动运营 ······ 118
6.3.1　确定活动目的 ······ 119
6.3.2　制定活动预算 ······ 119
6.3.3　组织活动团队 ······ 120
6.3.4　策划活动时间 ······ 121

6.3.5	设计活动页面	121
6.3.6	选择活动时间	122
6.3.7	选择活动地点	123
6.3.8	做好完全准备	124
6.3.9	做好总结分析	126

本章小结 126
课后习题 127

第7章 爆款短视频的制作 128

7.1 了解种草视频 129
- 7.1.1 3种电商短视频 129
- 7.1.2 种草视频的优势 129
- 7.1.3 4大类种草视频 130
- 7.1.4 打造爆款短视频 130

7.2 注意拍摄事项 131
- 7.2.1 选择拍摄场景 131
- 7.2.2 布置拍摄背景 132
- 7.2.3 保持充足的光线 133
- 7.2.4 体现产品价值 134
- 7.2.5 注意拍摄顺序 135

7.3 设计拍摄脚本 136
- 7.3.1 找到产品卖点 137
- 7.3.2 展现产品精华 138
- 7.3.3 设计带货脚本 139
- 7.3.4 策划轮播视频 140
- 7.3.5 符合用户需求 143

7.4 熟悉禁忌和要求 144
- 7.4.1 格式低质问题 144
- 7.4.2 内容质量问题 144
- 7.4.3 广告问题 144
- 7.4.4 选择优质封面 145
- 7.4.5 选择优质视频 146

7.5 制作种草视频 147
- 7.5.1 做好人设定位 147
- 7.5.2 巧妙地引出产品 147
- 7.5.3 突出产品功能 148

- 7.5.4 吸引用户注意 149
- 7.5.5 踩中用户痛点 149

本章小结 150
课后习题 150

第8章 种草短视频的玩法 151

8.1 进行产品运营 152
- 8.1.1 扩展选品渠道 152
- 8.1.2 掌握选品技巧 154
- 8.1.3 商品上架管理 156
- 8.1.4 优化商品信息 157
- 8.1.5 打造产品卖点 160

8.2 定位种草内容 161
- 8.2.1 拍摄使用场景 162
- 8.2.2 分享干货知识 163
- 8.2.3 模仿同行的内容 164
- 8.2.4 符合用户喜好 164
- 8.2.5 熟悉表达方式 165

8.3 运营带货视频 168
- 8.3.1 明白基础原则 168
- 8.3.2 熟悉必备要素 169
- 8.3.3 设计视频标题 170
- 8.3.4 刺激用户下单 171
- 8.3.5 提升购物体验 171
- 8.3.6 丰富场景展示 172

本章小结 173
课后习题 173

第9章 直播间的开播技巧 174

9.1 创建直播间并售卖商品 175
- 9.1.1 创建直播间 175
- 9.1.2 添加带货商品 176
- 9.1.3 设置商品卖点 177
- 9.1.4 设置商品讲解卡 178

9.2 直播间的装修与美化处理 179
- 9.2.1 布置场地和角度 179

9.2.2 进行灯光搭配……180
9.2.3 设计背景装饰……180
9.2.4 设置商品摆放……181
9.2.5 进行美颜设置……182
9.2.6 设置直播公告……182
9.3 带货脚本的基本流程……184
9.3.1 直播开场……185
9.3.2 产品介绍……185
9.3.3 互动环节……186
9.3.4 优惠环节……187
本章小结……189
课后习题……189

第10章 直播间的带货技巧……190

10.1 掌握用户购物路径……191
10.1.1 同步显示直播间……191
10.1.2 优化直播点击率……191
10.1.3 优化停留与互动……192
10.1.4 优化产品转化率……194
10.1.5 优化直播复购率……195
10.2 提升带货转化效果……196
10.2.1 直击用户痛点……197
10.2.2 营造抢购氛围……198
10.2.3 掌握销售能力……200
10.2.4 进行裂变营销……201
10.3 打造高质量直播间……203
10.3.1 引出话题……203
10.3.2 组合销售……204
本章小结……206
课后习题……206

第11章 图书的全媒体运营案例……207

11.1 运营定位……208
11.1.1 目标用户定位……208
11.1.2 用户需求定位……209
11.1.3 内容定位……209
11.1.4 特色定位……210
11.2 设计吸睛文案……210
11.2.1 标题设计……211
11.2.2 写作方式……212
11.2.3 写作技巧……212
11.3 全媒体矩阵搭建与运营……213
11.3.1 公众号运营……214
11.3.2 朋友圈运营……215
11.3.3 微信号精准群发……215
11.3.4 视频号运营……216
11.3.5 快手运营……217
11.3.6 当当运营……218
11.3.7 拼多多运营……218
11.3.8 头条运营……219
11.4 视频种草……220
11.4.1 策划短视频脚本……220
11.4.2 剪辑短视频内容……221
11.4.3 分享到抖音种草……222
11.5 直播带货……224
11.5.1 创建带货直播间……224
11.5.2 添加商品……225
11.5.3 直播带货……226

第 1 章
全媒体的运营定位

本章要点：

运营者想要进行全媒体运营，就需要在准备进入各平台开始注册账号之前，对自己的平台账号进行定位，以及对将要制作的内容进行定位，并根据这个定位来设置账号信息、确定目标用户，这样才能快速做好定位工作。

1.1 做好账号定位

想要进行全媒体运营，就要做好账号定位。账号定位是指运营者要确定自己要做一个什么类型的账号，然后通过这个账号获得什么样的粉丝群体，同时这个账号能为粉丝提供哪些价值。运营者需要从多个方面去考虑账号定位，不能只单纯地考虑自己，或者只打广告和卖货，而忽略了给粉丝带来的价值，这样很难运营好账号，且难以得到粉丝的支持。

运营全媒体，需要了解账号定位的核心规则：一个账号只专注于一个垂直细分领域，只定位一类粉丝人群，只分享一个类型的内容。本节将介绍账号定位的相关方法和技巧，帮助大家做好账号定位的运营。

1.1.1 厘清关键问题

"定位"（Positioning）理论创始人杰克·特劳特（Jack Trout）曾说过："所谓定位，就是令你的企业和产品与众不同，形成核心竞争力；对受众而言，即鲜明地建立品牌。"

其实，简单来说，定位包括以下3个关键问题。

（1）你是谁？

（2）你要做什么事情？

（3）你和别人有什么区别？

但是，对于账号定位，则需要在此基础上对问题进行一些扩展，具体如图1-1所示。

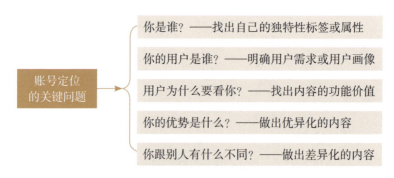

图1-1 账号定位的关键问题

以抖音为例，该平台上不仅有数亿的用户量，而且每天更新的视频数量也在百万以上。那么，如何让自己发布的内容被大家看到和喜欢呢？关键在于做好账号定位。账号定位的作用在于，直接决定了账号的涨粉速度和变现难度，同时也决定了账号的内容布局和引流效果。

1.1.2 明白定位理由

做好全媒体的运营定位，运营者需要在准备注册账号时，将账号定位放到第一位。只有把账号定位做好了，之后的运营道路才会走得更加顺畅。图1-2所示为将账号定位放到第一位的5个理由。

图 1-2　将账号定位放到第一位的 5 个理由

1.1.3 打上精准标签

标签指的是平台给运营者的账号进行分类的指标依据，平台会根据运营者发布的内容，给其账号打上对应的标签，然后将运营者的内容推荐给对这类标签作品感兴趣的人群。在这种个性化的流量机制下，不仅提升了运营者的创作积极性，而且增强了用户的观看好感。

比如，某个平台上有100个人，其中有50个人对旅行感兴趣，还有50个人不喜欢旅行类的内容。此时，如果你刚好是做旅行类内容的账号，但却没有做好账号定位，平台没有给你的账号打上"旅行"这个标签，此时系统会随机将你的内容推荐给平台上的所有人。这种情况下，你的内容被用户点赞和关注的概率就只有50%，而且由于点赞率过低，会被系统认为内容不够优质，从而不再给你推荐流量。

相反，如果你的账号被平台打上了"旅行"的标签，此时系统不再随机推荐流量，而是精准推荐给喜欢看旅行类内容的那50个人。这样，你的内容获得点赞和关注的数据就会非常高，从而获得系统给予的更多的推荐流量，让更多的人看到你的作品，并喜欢上你的内容，以及关注你的账号。

只有做好账号定位，运营者才能在粉丝心中形成某种特定的印象。因此，对运营者来说，账号定位非常重要。下面为大家介绍一些账号定位的相关技巧，如图1-3所示。

图 1-3　账号定位的相关技巧

★ 专家提醒 ★

以抖音平台为例，根据某些专业人士分析得出一个结论，即某个作品连续获得系统的8次推荐后，该作品就会获得一个新的标签，从而得到更加长久的流量扶持。

1.1.4　了解基本流程

很多人在平台上发布内容其实都是一股子热情，看着大家都去做，也跟着去做，根本没有考虑过自己这样做的目的——到底是为了涨粉还是变现？以涨粉为例，蹭热点是非常快的涨粉方式，但这样的账号变现能力就会降低。

因此，运营者需要先想清楚自己进行全媒体运营的目的是什么，如引流涨粉、推广品牌、打造知识产权（Intellectual Property，IP）、带货变现等。当运营者明确了账号定位的目的后，即可开始做账号定位，基本流程如下。

（1）确定运营平台：虽然运营平台没有数量的限制，但是运营者最好固定一些常用的运营平台，这样才能在各个平台上更准确地发布用户喜欢的内容。

（2）分析行业数据：在进入某个行业之前，先找出这个行业中的头部账号，看看他们是如何将账号做好的，可以通过专业的行业数据分析工具，如蝉妈妈、新抖、飞瓜数据等，找出行业的最新玩法、热点内容、热门商品和创作方向。

（3）分析自身属性：对于平台上的头部账号，其点赞量和粉丝量都非常高，他们通常拥有良好的形象、才艺和技能，普通人很难模仿，因此运营者需要从自身已有的条件和能力出发，找出自己擅长的领域，保证内容的质量和更新频率。

（4）分析同类账号：深入分析同类账号的内容题材、脚本、标题、运镜、景别、构图、评论、拍摄和剪辑方法等，学习他们的优点，并找出不足之处或能够进行差异化创作的地方，以此来超越同类账号。

1.1.5 明白相关技巧

账号定位就是为账号运营确定一个方向，为内容创作指明方向。那么，运营者到底该如何进行账号定位呢？

大家可以从以下3个方面出发做账号定位，如根据自身的专长做定位、根据用户的需求做定位、根据内容稀缺度做定位，详细内容如图1-4所示。

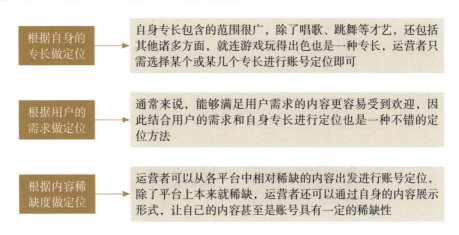

图1-4 账号定位的相关技巧

1.2 设置账号信息

全媒体平台上的运营者何其多，那么，如何让你的账号从众多同类账号中脱颖而出，快速被大家记住呢？其中一种方法就是通过账号信息的设置，做好平台的基础搭建工作，同时为自己的账号打上独特的个人标签。本节以抖音为例，介绍相关技巧。

1.2.1 账号名字

运营者的账号名字需要有特点，而且最好和账号定位相关，基本原则如下。

（1）好记忆：名字不能太长，太长的话用户不容易记住，通常为3～5个字，取一个具有辨识度的名字可以让用户更好地记住你。

（2）好理解：账号名字可以跟自己的领域相关，或者能够体现身份价值，同时注意避免生僻字，通俗易懂的名字更容易被大家接受。

（3）好传播：运营者的账号名字还得有一定的意义，并且易于传播，能够给人带来深刻的印象，有助于提高账号的曝光度。

账号名字也可以体现出运营者的人设感，即看见名字就能联系到他的人设。人设是指人物设定，包括姓名、年龄、身高等人物的基本设定，以及企业、职位和成就等背景设定。

1.2.2 账号头像

运营者的账号头像也需要有特点，尽量展现自己最美的一面，或者展现企业的良好形象。需要注意的是，领域不同，头像的侧重点也就不同。同时，好的账号头像辨识度更高，能让用户更容易记住你的账号。

图1-5所示为"手机摄影构图大全"的抖音号头像，可以看到它使用的是意大利著名画家列奥纳多·达·芬奇（Leonardo di ser Piero da Vinci）创作的油画杰作《蒙娜丽莎》，同时加入了黄金构图线元素，进一步点明了该账号的定位。

图1-5 "手机摄影构图大全"的抖音号头像

★ 专家提醒 ★

运营者在设置账号头像时，还需要掌握一些基本技巧，具体如下。

（1）账号头像的画面一定要清晰。

（2）个人账号可以使用自己的肖像作为头像，能够让大家快速记住你的容貌。

（3）企业账号可以使用主营产品作为头像，或者使用企业名称、LOGO（即徽标或者商标）等作为头像。

1.2.3 账号简介

对于账号，简介通常以简单明了为主，主要原则是"描述账号＋引导关注"，基本设置技巧如下。

（1）前半句描述账号的特点或功能，后半句引导关注。

（2）明确告诉用户自己的内容领域或范畴，如图1-6所示。

图 1-6　明确告诉用户自己的内容领域或范畴

（3）运营者可以在简介中巧妙地推荐其他账号，如图1-7所示。

图 1-7　在简介中巧妙地推荐其他账号

全媒体运营：定位策划、矩阵打造、视频种草、直播带货

> ★ 专家提醒 ★
>
> 注意，账号简介的内容要简要，告诉用户你的账号是做什么的，只需提取一两个重点内容放在里面即可，同时注意不要有生僻字。

1.3 进行用户运营

了解了账号定位和账号信息的相关内容之后，接下来就要进入具体的运营阶段了。本节主要是介绍怎样进行全媒体的用户运营，帮助运营者找到账号的目标用户，以及用户的产品需求，具体包括6大关键阶段。

1.3.1 确定目标用户

平台上的账号，潜在的用户数量是很多的，而运营者要做的就是把其中的目标用户筛选出来，作为内容推广和宣传的主要目标。至于目标用户的确定，就需要运营者通过以下步骤来确定，具体内容如图1-8所示。

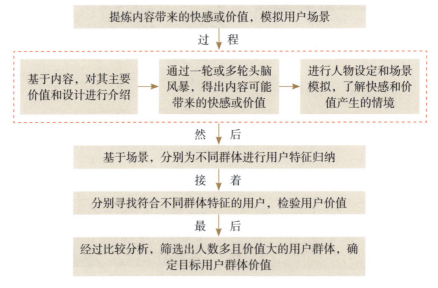

图1-8 确定目标用户的过程介绍

需要注意的是，在最后进行用户群体筛选时，运营者要注意筛选的角度，具体来说，可从以下3个方面来考虑。

（1）对各平台推出的内容是否有足够强烈的需求欲望。

（2）是否在群体大小、消费能力和传播力方面占有优势。

（3）引流吸粉时获取这一群体的难度如何？成本是多少？

1.3.2 定位用户需求

在有了明确的目标群体，就需要了解他们的具体需求是什么，以便于运营内容和具体产品的准备。

而在进行目标用户的需求定位时，还要结合具体场景，这样才能把目标用户群体与相应的场景、相应的需求进行匹配，初步了解用户需求，如图1-9所示。至此，就完成了用户需求定位的第一步。

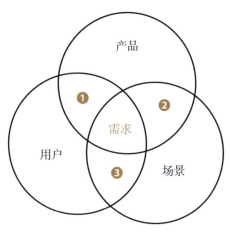

图1-9 初步定位用户需求

在进行目标用户群体与相应场景、相应需求匹配时，在图1-9中一一标示了出来，具体内容如下。

❶ 产品用户：处于产品与用户重合的位置，把产品与用户相匹配，是对相应的目标用户群体进行匹配。

❷ 产品场景：处于产品与场景重合的位置，把产品与使用场景相匹配，可以很清晰地展现出产品功能。

❸ 用户场景：处于用户与场景重合的位置，把用户与使用场景相匹配，可以清晰地展现相应场景的用户需求。

然后把❶、❷、❸结合起来，把用户、产品和场景串联在一起，就形成了在某一场景下关于某产品某一用户群体的需求。如果把所有筛选出来的用户群体按照不同场景的产品使用，一一进行匹配，就可以把所有类型的用户群体的需求分析出来，这样用户需求的初步定位也就完成了。

★ 专家提醒 ★

在确定需求优先级时,在"挖掘需求"阶段,运营者要注意:有时用户想要什么,并不表示这是他们的真实需求。真实需求是需要运营者仔细挖掘才能获得的。

最后,可以对整理和分析出来的用户需求进行需求优先级定义,过程分析如图1-10所示。

筛选需求:去除无法实现、价值低、不合理和不适合的使用场景的需求
　　　　　　接↓着
挖掘需求:尽量对用户的真正目标进行仔细挖掘,找到他们真实的需求
　　　　　　然↓后
匹配产品:针对用户的真实需求匹配产品,突出相应产品的功能和特色
　　　　　　最↓后
最终确定:根据自身的资源和拥有的产品来最终确定用户需求的优先级

图1-10 确定需求优先级的过程分析

1.3.3 总结用户属性

完成了目标用户定位和用户需求定位,接下来的用户运营就是围绕具体的已确定的目标用户而工作。首先,要了解目标用户本身,也就是对用户的属性进行总结,以便于更精准地进行宣传推广。

一般来说,用户属性就是用户的身份背景。比如,微信公众号平台后台的"用户分析",就包括"用户属性"的统计分析,有用户属性分布表,其中包括性别、语言、省份、城市、终端和机型6项内容,如图1-11所示。

图1-11 微信公众号平台后台用户属性分布表

除了上面提及的6项内容,用户属性还包括身份、年龄、兴趣爱好、空闲时间和消费能力等方面的内容。

当然,在进行用户运营时,并不是所有的用户属性的价值都是一样的和必需的,运营者可以根据需要,对与产品有关的用户属性进行总结,制作表述清晰的表格,这样能帮助运营者更准确地了解用户和找准方向,提升运营效果。

1.3.4 探索用户路径

把用户的行为用一条条虚拟的线连接起来，就是用户的行为路径。一般说来，用户的行为路径可以非常真实地体现出用户的喜好和需求，也可以反映出运营者的运营推广能力和效果。

对用户路径进行探索，可以让用户运营脉络更清晰，方向更确切。因此，我们需要对用户的两条路径有一个清晰的了解，具体内容如图1-12所示。

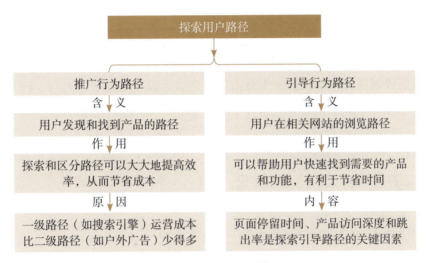

图1-12 用户路径的分析

1.3.5 用户分级管理

为平台吸粉引流是用户运营的目标，而当这一目标快实现时，运营者可能发现运营过程出现了新的问题，如用户增长太快、用户数量太多、关于用户的管理及其与平台关系的维护无法达到预期的效果等。此时，就需要对用户进行分级管理了。

用户分级管理的出现，是运营过程中必须进行的工作，其原因就在于运营人员的能力和精力是有限的，平台所属企业的资源和精力也是有限的，而其能投入运营中的资源和精力更是有限的。

而对用户进行分级管理又是提升用户运营效率、更好地进行宣传推广的有效途径。既然用户分级管理就是必须做的，又是有着重大价值的，那么我们应该怎样对用户进行分级呢？

我们可以把传统商业用于用户管理的RFM模型引入到用户运营中来，并定义其为3部分内容，R（Recency）为最近一次登录和关注；F（Frequency）为特定时间内的登录次数和天数；M（Monetary）为产生内容或评论的数量。运用这一模型进行用户分级管理的具体含义和依据如表1-1所示。

表1-1 运用RFM模型进行用户分级管理的依据

要素	具体含义和依据
R	最近一次登录和关注的时间越近越好，用户的敏感度更高，运营效果将更好
F	特定时间内的登录次数和天数越多越好，说明用户的满意度很高，愿意关注
M	产生内容或评论的数量越多越好，说明用户的价值很高，是很好的运营目标

而在具体的用户分级管理中，可以基于表1-1中的3个要素，对用户行为分别进行层级划分，如可以把一个月的用户登录天数和次数划分为F1、F2、F3、F4、F5等多个等级，其他两个要素也是如此，然后汇总在一起，就可以把用户划分为125个等级进行管理。

当然，在划分等级的过程中，运营者可以根据实际情况选择要考虑的要素有哪些、选择各要素划分的等级有多少、选择各要素划分的区间内容等。

★ 专家提醒 ★

在具体划分过程中，不同要素的等级层次的划分是可以不同的。

1.3.6 提高用户满意度

运营者应该知道，不同的用户对产品的喜好和细节要求是不一样的，而且有些用户喜欢"鸡蛋里挑骨头"，因此，不论多么好的产品，总会有人感到不满意。何况，在我们也不能保证产品非常完美的情况下，用户的满意度更是会大打折扣的。

而运营者能做的不是百分之百的满意度，而是尽量提高用户满意度，让其无限接近100%。那么，我们应该怎样做呢？具体内容如图1-13所示。

图1-13 提高用户满意度的方法

本章小结

本章主要向读者介绍了全媒体运营定位的相关知识,帮助读者了解了全媒体运营的账号定位、账号信息、用户运营等内容。通过对本章的学习,希望读者能够对全媒体运营定位的基本知识有很好的掌握。

课后习题

鉴于本章知识的重要性,为了帮助读者更好地掌握所学知识,本节将通过课后习题,帮助读者进行简单的知识回顾和补充。

1. 如果要进行全媒体的运营定位,那么应该怎样做账号定位?
2. 提高用户满意度的方法有哪几种?

第 2 章
吸睛的文案策划

本章要点：

文案是进行全媒体运营的一种表现手段，而且在很多平台上面都是不可缺少的要素，如微信公众号、小红书、知乎等。本章以微信公众号这一平台为例，为大家详细介绍进行文案策划的相关技巧，帮助大家写出吸睛文案。

2.1 设计文章标题

文章标题存在的价值在于让用户在阅读正文前，就已经对内容产生了阅读的兴趣。所以，能够在第一时间抓住用户眼球的标题，才是运营者们真正要做到的。那么，优秀的文章标题有哪些要求呢？

2.1.1 联系文章主题

标题是一篇文案的"窗户"，用户如果能从这一扇"窗户"之中看到对文章大致的提炼，就说明这一标题是合格的。换句话说，就是文案标题要体现出文案内容的主题。

如果用户受到某一文案标题的吸引，查看文章内容之后却发现标题和内容主题联系得不紧密，或者完全没有联系，那么无论是对已经关注了该公众号的用户的信任度，还是对文章的阅读量，都是不利的。

这也就要求作者在撰写标题时，一定要注意所写的标题与文章内容的主题是紧密关联的，而不能"挂羊头卖狗肉"。图2-1所示为与主题紧密联系的标题示例。

图 2-1　与主题紧密联系的标题示例

从图2-1可知，标题中的"手机""抠图""两个""大招"都是关键字眼，很清楚地说明了文章的主题，而正文的解说又恰好证明了这一点，从找出问题到解决问题，都是关于"怎么在手机上抠图"的。

在"解决问题"层面上，从展示最后的抠图效果到介绍详细的操作步骤，循序渐进地为用户进行解答，相信能帮助一部分摄影爱好者提升后期的抠图技能，也让那些因为受标题吸引而关注文章的用户不会因为内容而失望。

2.1.2　限制文案字数

在全媒体平台不断发展的情况下，标题的字数也有着向越来越多方向发展的趋势。在这样的形势下，人们不禁要问："这种发展趋势真的是有利的吗？这样的标题真的会更好吗？"

其实，就人们的阅读习惯和平台的运行方式来说，假如文案的标题超过三行，在大多数情况下，用户是不会去点击阅读的。当然，专门发布文章的账号和平台除外。

如今，智能手机品类多样，使得一些图文信息在自己手机里看着是一行，但在其他型号的手机里可能就是两行了，从而导致标题中的有些关键信息可能被隐藏起来，不利于用户了解文案描述的重点和对象。

因此，我们在做运营时，就要把这一情况考虑进去，尽量保持文案标题的字数，无论在什么类型的手机上显示的都是一行。那么，这样的一行具体是多少字数呢？

可能有细心的用户早就发现了，在手机微信公众号的"订阅号消息"界面中，能显示的纯文字型的标题字数一般为31个字。如果超过了31字，那么后面的字就都会被隐藏了，显示出来的是"…"这样的形式，如图2-2所示。

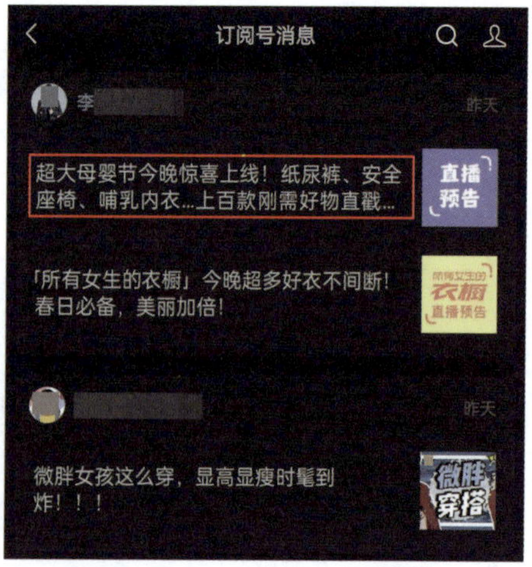

因此，在制作标题时，在重点内容和关键词的选择上要有取舍，把最主要的内容呈现出来即可，切忌以段落的形式制作标题。

图2-2　纯文字型的标题字数有限制

其实，标题本身就是一篇文章内容精华的提炼，字数过长会显得不够精练，同时也会让用户丧失点开文章阅读的兴趣，因此适当的长度才是最好的。一般来说，文章标题字数控制在正常显示的情况下，最好是20个字左右。

★ 专家提醒 ★

隐藏标题显示"…"有时也可以借势向好的方面发展——充分勾起订阅用户点开文章阅读的好奇心，不过这就需要运营者在写标题的时候注意把握好这个引人好奇的关键点。

2.1.3 选择表现模式

上一节已经提及，文章标题的字数是有所限制的。然而，在内容的表达上又需要突出主题和文章中心内容，这就需要从这两个方面来实现完美的统一，从而清楚、简洁地表现文章内容。从这一点出发，标题的表现形式是应该有所选择的，具体说来，常见的主要有以下5种。

1. 利用问题引导

在拟写标题时，利用问题进行引导，一是可以更好地吸引用户的注意，二是能让用户带着疑问去阅读。就后者而言，既可以引导用户继续阅读，还能清楚、明白地告诉用户文章的中心内容。

利用问题引导的标题模式，多用于以生活技巧、惊奇事件等为中心的文章，以提高用户对事件本身的关注度。

2. 直接陈述事件

利用这种标题模式，有一个非常关键的前提条件——标题所陈述的事件或故事本身有足够的吸引力，它们或是感人的故事，或是重大突发事件，这样才能调动用户内心诸如感动、愤怒等方面的情绪，同时产生阅读的兴趣。

图2-3所示为直接陈述事件的标题模式示例。这两篇文章的标题都把事件完整、直接地呈现给用户，自然会引起用户的关注。

图 2-3　直接陈述事件的标题模式示例

3. 积极调动联想

用户在阅读一篇文章时，常常会因为其中的某一点而触发各种联想，从而产生点击阅读的欲望，这样的标题模式无疑是成功的。图2-4所示为积极调动联想的标题模式示例。

图 2-4　积极调动联想的标题模式示例

4. 引用数据说明

在大多数人眼中，具体数字的应用，带给我们的第一印象就是严谨和科学。因此，在拟写标题时把这一点考虑进去，适当地引用数据，能够增加文章的可信度。特别是一些娱乐性较强的文章，在标题上采用夸张的数据呈现，可以在一定程度上更好地吸引用户的关注。

当然，引用数据说明的标题模式并不能任意应用。特别是对那些注重科学性和真实性的学术性文章和新闻事件，在数据的引用上一定要慎之又慎，否则就可能误导用户，甚至造成一些不利的影响。

5. 明确告知利弊

在浏览一些平台时，看到如"做××很危险"等类似的标题，一般都会忍不住点击查看。可见，这也是一种能够吸引用户关注的标题模式。

这一类型的标题模式多用于生活类和产品推介类方面的文章，它们通过在标题上简明扼要地告知利弊，可以很好地提升用户的阅读兴趣。

2.1.4　点明差异性

点明差异性是让文章出奇制胜的关键所在，特别是在各平台账号的快速增加，推送的文章也随之增加的时代环境下，要想脱颖而出，就必须通过点明差异性实现出奇制胜。那么，有人就会问："做到这一要求究竟应该从哪方面着手？"具体来说，主要表现在以下两个方面。

（1）同一平台内的差异性标题。在运营过程中，在保持文章内容定位的统一性的基础上，还要在标题撰写上有着差异性，不能让平台所有文章的标题在词汇、格式等方面都是相似的，这容易让人产生审美疲劳，对用户而言也是缺乏吸引力的。

因此，在运营时必须在标题撰写的差异性上下功夫，力求有更多样化的表现形式。仔细看一下如今的运营和推广文章，不难发现，它们在内部运营的差异性上还是非常注重的。

（2）不同平台之间的差异性标题。在竞争激烈的运营环境下，要想"不泯然众人矣"，就有必要撰写具有差异性的文章标题。当用户对标题相似的文章标题免疫时，突然出现一个特点突出、表达方式迥异的标题，必然会受到用户青睐，由此而出现点击阅读量提升的结果也就不足为奇了。

图2-5所示为不同微信公众号推送的体现差异性的文章标题示例。它们或为直接点明解决拍照难题的方法，或在语言表达上突出重点（如利用叠字就是其中一例）。

图2-5　不同微信公众号推送的体现差异性的文章标题示例

2.1.5 具有实用性

从事运营行业的人，写文章的目的主要就是告诉用户，只要阅读了这篇文章，他们就能获得某些方面的实用性知识，或者能得到某些具有价值的启示，即文章的实用性。而为了提升文章的点击量和阅读量，我们在进行标题设置时应该要具体说明内容具有的实用性，以最大限度地吸引用户的眼球。

图2-6所示为微信公众号"手机摄影构图大全"推送的两篇文章。用户可以清楚地从标题上得知，它们一是介绍后期修图与调色的，一是介绍制作影视特效的，在实用性方面写得非常具体。

图 2-6　微信公众号"手机摄影构图大全"推送的两篇文章

那么，是不是所有类型的文章都可以运用这一标题模式呢？其实，应用展现实用性的文章标题是有一定的选择性的，它们或是介绍专业知识，或是说明生活常识。

总的来说，在标题上就对其内容的价值和作用做了说明，不仅是撰写标题的一个重要要求，也是一种非常有效地设置标题的方法，特别是对那些在生活中遇到类似问题的用户来说，能迅速地找到问题的解决方案。

2.2　了解写作方法

在介绍了平台软文标题的写作技巧之后，本节为大家介绍正文部分多种多样的写作方法，帮助运营者实现全媒体平台的运营。

2.2.1 促销活动型

促销式正文其实是一种比较直白的推广方法，甚至是越直白越好，它是如今企业用得比较多的一种公众平台软广告植入文章营销的方法。一般来说，促销式正文分为以下两种形式。

（1）纯文字的形式：依靠文字，向用户推荐品牌或活动的内容、时间等信息。

（2）图片搭配促销标签的形式：在产品或者活动的图片上，搭配一些促销标签，从而促使消费用户产生购买欲。

那么，我们在撰写促销式正文的时候，可以使用哪些方法呢？具体说来，主要包括4点，下面以一篇软文为例来进行具体介绍，如图2-7所示。

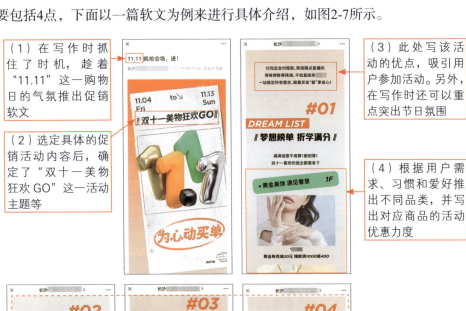

图 2-7 促销活动型软文

★ 专 家 提 醒 ★

除了撰写方法，撰写促销活动型正文还要注意两点，具体内容如下所述。
（1）不要做没有计划的创作。因为这样做，没有自己的特色，很容易遭到用户的忽视。
（2）切忌虚假宣传，一定要实事求是地进行促销式软文的撰写。

2.2.2 知识展示型

对于专业性比较强的产品，诸如电器、家居等类目的商品，就可以运用知识展示型的正文内容来吸引用户的眼光。而且，对特定人群来说，这类文章内容具有较强的专业性，内容的可读性也就有了。

图2-8所示为"科技每日推送"公众号发布的知识展示型软文。该软文中的内容都是围绕OPPO Find X6系列手机展开的知识性内容解说，从专业的角度来解答该系列手机的相关功能和特色。读完全文，相信大部分用户已经对OPPO Find X6系列手机的特色功能有了进一步的认识。

图2-8 "科技每日推送"公众号发布的知识展示型软文

2.2.3 技巧普及型

技巧普及型的软文正文，是指文章以向用户普及一些有用的小知识、小技巧为主题。很多行业的产品都非常适合用这类正文来进行宣传、推广，如某类软件的使用方法、生活中某类需要掌握的小技巧等。

一般来说，在撰写技巧普及型的软文正文时，可分为横向技巧列举和纵向技巧操作两种角度。下面以一篇题为《7种三分线构图，这下拍摄日落日出你要忙不完了！》的软文来对它们分别进行介绍。

该篇软文从总体框架上来说，可以说是纵向技巧操作。因为它从"一、拍前观察：找出问题所在"到"二、实战拍摄：找出最佳拍法"，再到"三、后期处理：相片大师——让日落更生动精彩"，循序渐进地逐步向用户展示了拍摄日出日落的技巧，如图2-9所示。

图 2-9　纵向技巧普及型软文正文

★ 专家提醒 ★

当然，图2-9所示的内容算不上严格意义上的纵向技巧操作。因为有些平台的软文会直接采用步骤的形式，一步步地告诉用户怎样去操作、怎样去掌握软文中提到的技巧。

而在"二、实战拍摄：找出最佳拍法"这一部分中，技巧的普及采用的则是横向技巧列举，该部分共介绍了7种三分线构图技巧，即"上三分线构图""下三分线构图""横向双三分线构图""综合三分线构图""左右三分线构图""左三分线构图""右三分线构图"，如图2-10所示。

一般来说，技巧普及型的正文好写又好用，在网络上随处可见，它内容简短、写作耗时少、实用性高，所以很受运营者的追捧。

图 2-10　横向技巧普及型软文正文

2.2.4　情感融入型

情感的抒发和表达已经成为平台营销的重要媒介。一篇有情感价值的文章往往能够引起很多消费用户的共鸣，从而提高消费用户对品牌的归属感、认同感和依赖感，其相关介绍如图2-11所示。

图 2-11　对情感融入型正文的介绍

情感消费和消费用户的情绪挂钩，一篇好的宣传推广文章，主要是通过对文字、图片的组合，打造出一篇动人的故事，再通过故事挑动用户情绪的。

可以说，情感消费是一种基于个人主观想法的消费方式，这部分消费人群最关注自己精神世界、情感需要。因此，写情感类的文章，需要富有感染力，尽量起到以下某一方面的作用。

（1）与用户有相同的思想情感。

（2）能启发用户的智慧和引导思考。

（3）具备激励用户感情的作用。

那么，情感该从哪些方面挖掘呢？有4个方面的建议，即爱情、亲情、友情，以及其他情感需求因素。其中，爱情、亲情、友情是老生常谈的3种感情了。其实，人的情感是非常复杂的，不论是满足人们的哪种情感或情绪需求，都能打动人心，走进消费用户的内心，实现营销的目的。

★ 专家提醒 ★

情感类的正文就是这么神奇，让人置身在一个美好的故事中，然后在故事中获得广告信息，却不会让人产生反感的情绪。

2.2.5 故事塑造型

故事类的正文是一种容易被用户接受的题材，一篇好的故事正文，很容易让用户记忆深刻，拉近品牌与用户之间的距离。生动的故事容易让用户产生代入感，对故事中的情节和人物也会产生向往之情。企业如果能在正文部分塑造一个好的故事，就很容易找到潜在用户和提高企业信誉度。

那么，运营者应该如何打造一篇故事完美的文章呢？首先，需要确定的是产品的特色，将产品关键词提炼出来，然后将产品关键词放到故事线索中，贯穿全文，让用户读完之后印象深刻。

同时，故事类的正文写作最好满足以下两个要点，如图2-12所示。

图2-12 故事塑造型的正文需要满足的要点

当企业要对某样产品进行软广告植入文章营销的时候，可以根据企业的目标自编一个故事，在合情合理的前提下，将产品巧妙地融入故事中。

2.2.6 悬念制造型

所谓"悬念"，就是人们常说的"卖关子"。作者通过悬念的设置，激发用户丰富的想象和阅读兴趣,从而达到写作的目的。

制造悬念型正文的布局方式,就是在正文中的故事情节、人物命运进行到关键时设置疑团,不及时作答,而是在后面的情节发展中慢慢解开,或者在描述某一奇怪现象时不急于说出产生这种现象的原因。

这种方式能使用户产生急切的期盼心理。也就是说,在制造悬念的正文中,将悬念设置好,然后嵌入到情节发展中,让用户自己去猜测、去关注,等到吸引了用户的注意后,再将答案公布出来。

制造悬念通常有3种方法,具体内容如图2-13所示。

图 2-13　制造悬念的 3 种方法

★ 专家提醒 ★

写作悬疑式的文章要懂得分寸,问题和答案也要符合常识,不能让人一看就觉得很假,而且广告嵌入要自然,不会让人觉得反感。

2.3　熟悉注意事项

当把软文内容写好之后,只是完成了爆款软文的写作部分,而要想真正变成爆款软文,还需要运营者通过适当的渠道把它们发布出去。除了选择发布平台,在发布过程中,运营者还应该熟悉、了解一些注意事项。本节将分别加以讲述。

2.3.1　提前预览软文

在大多数全媒体平台上,编辑完软文内容后都会有一个"预览"按钮可选择，要求运营者预览，且预览的方式也是多种多样的，既有手机端、PC端等不同的客户端预览，也有分享到朋友圈、发送给朋友等不同位置的预览。图2-14所示为微信公众平台推送软文预览页面。

图 2-14　微信公众平台推送软文的预览页面

那么，大部分全媒体平台为什么提供预览功能呢？我们又为什么一定要预览呢？具体说来，这是由预览的作用决定的，如图2-15所示。

图 2-15　预览要发送文章的作用

2.3.2　重视摘要写作

我们写论文时要写摘要，因此我们阅读文章时或观看影视剧时，也习惯了先看摘要或内容简介。其实，摘要在互联网和移动互联网时代的内容宣传中同样重要和有必要。运营者在推送内容时就会发现，很多平台都是有"摘要"这一项的，如我们常见的微信公众平台、搜狐公众平台等。下面以微信公众平台为例进行具体介绍。

在编辑图文消息的时候，在界面的最下面，有一个撰写摘要的位置，这部分内容对图文消息来说非常重要，因为发布消息之后，这部分摘要内容会直接出现在推送信息中，如图2-16所示。

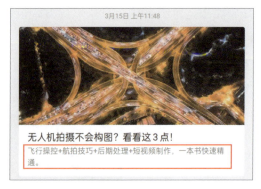

图2-16　摘要内容

摘要尽量简洁明了，如果摘要写得好，不仅能够激发用户对文章的兴趣，还能够激发用户第二次点击阅读的兴趣。

在微信公众平台上，当运营者在编辑软文内容的时候，没有填写摘要，那么系统就会默认抓取正文的前54个字作为文章的摘要。其他需要填写摘要的平台也大抵如此，只是显示出来的作为摘要的字数有差别而已。

2.3.3　做好声明原创

随着各平台各项准则的完善，原创内容越来越受重视，为了表达这一重视，不少平台推出了"声明原创"这一功能，如今日头条、微信公众号等。图2-17所示为开通了"声明原创"功能的微信公众平台软文。

图2-17　开通"声明原创"功能的微信公众平台软文

那么，为什么要"声明原创"呢？或者说"声明原创"功能有哪些作用呢？详细内容如下所述。

（1）获得"声明原创"功能的平台，一旦发现有人转载其内容时没有注明出处，各平台会自动为转载的内容注明出处并给予通知。

（2）如果运营者发送的是自己的原创信息，就可以设置这一功能。在保护自己权益的同时，也用原创文章为自己的平台带来更多的用户。

本章小结

本章主要向读者介绍了文案策划的相关知识，帮助读者了解文案策划中的标题写作、正文写作方法以及注意事项等。通过对本章的学习，希望读者能够对全媒体文案策划的基本知识有很好的掌握。

课后习题

鉴于本章知识的重要性，为了帮助读者更好地掌握所学知识，本节将通过课后习题，帮助读者进行简单的知识回顾和补充。

1. 进行平台软文的写作，都有哪些写作方法呢？
2. 运营者开通"声明原创"功能有哪些作用？

第 3 章
优质的内容策划

本章要点：

全媒体运营，本质上还是内容的运营，那些能够快速涨粉和变现的运营者，都是靠优质的内容来实现的。所以，运营者想吸引更为精准的用户，就要做出更为优质的内容。本章将为大家介绍做好内容策划的相关技巧。

3.1 做好内容定位

通过内容吸引的粉丝,都是对运营者分享的内容感兴趣的人,这些人更加精准、更加靠谱。因此,内容是运营的核心所在,同时也是账号获得平台流量的核心因素。如果平台不推荐,那么你的账号和内容流量就会寥寥无几。

对于全媒体运营,内容就是王道,而内容定位的关键就是用什么样的内容来吸引什么样的群体。本节将介绍内容定位技巧,帮助运营者找到一个特定的内容形式,实现快速引流和变现。

3.1.1 吸引精准人群

比如,在短视频平台上,运营者不能简单地去模仿和跟拍热门视频,而必须找到能够带来精准人群的内容,从而帮助自己获得更多的粉丝,这就是内容定位的要点。内容不仅可以直接决定账号的定位,而且还决定了账号的目标人群和变现能力。因此,在做内容定位时,不仅要考虑引流涨粉的问题,同时还要考虑持续变现的问题。

运营者在做内容定位的过程中,要清楚一个非常重要的要素——这个精准人群有哪些痛点、需求和问题?

1. 什么是痛点

痛点是指用户的核心需求,是运营者必须为他们解决的问题。对于用户的需求,运营者可以去做一些调研,最好采用场景化的描述方法。

怎么理解场景化的描述呢?就是具体的应用场景。痛点其实就是人们日常生活中的各种不便,运营者要善于发现痛点,并帮助用户解决这些问题。

2. 挖掘痛点有什么作用

找到目标人群的痛点,对运营者有两方面的好处,具体如图3-1所示。

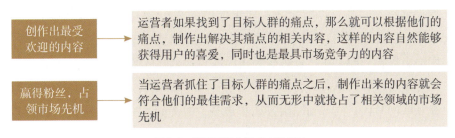

图 3-1 找到目标人群痛点的好处

对运营者来说，如果想要打造爆款内容，那么就需要清楚自己的粉丝群体最想看的内容是什么，也就是抓住目标人群的痛点，然后就可以根据他们的痛点来生产内容。

3.1.2 找到用户关注点

对用户来说，他们越缺什么，就会越关注什么，而运营者只需找到他们关注的点去制作内容，那么制作出的内容就越受大家欢迎。只要运营者敢于在内容上下功夫，根本不愁没有粉丝和流量。但是，如果运营者一味地在打广告上下功夫，则可能被用户讨厌。

在内容中，往往能戳中用户内心的点只有那么几秒钟，也许这就是所谓的"一见钟情"。运营者要记住一点，那就是在平台上涨粉只是一种动力，能够让自己更有信心地在平台上做下去，而真正能够给自己带来动力的是吸引到精准的粉丝，让他们持续关注自己的内容。

不管运营者处于什么行业，只要能够站在观众的角度去思考，去进行内容定位，将自己的行业经验分享给大家，那么这种内容的价值就非常大了。

3.1.3 输出合适的内容

在全媒体平台上输出内容，是一件非常简单的事情，但是要想输出有价值的内容，获得用户的认可，就有难度了。特别是如今各种内容创作者多如牛毛，越来越多的人参与其中，那么到底如何才能找到适合的内容去输出呢？怎样提升内容的价值呢？下面介绍具体的方法。

1.选择合适的内容输出形式

当运营者在行业中积累了一定的经验，有了足够优质的内容之后，就可以去输出这些内容了。

如果你擅长写，可以写文案；如果你的声音不错，可以通过音频去输出内容；如果你镜头感比较好，则可以去拍一些真人出镜的视频内容。通过选择合适的内容输出形式，即可在比较短的时间内成为这个领域的佼佼者。

2.持续输出有价值的内容

在互联网时代，内容的输出方式非常多，如文章、图文、音频、短视频、直播以及中长视频等，这些都可以去尝试。对于持续输出有价值的内容，有3个做法需要注意，具体内容如下。

（1）做好内容定位，专注于做垂直细分领域的内容。

（2）始终坚持每天创作高质量内容，并保证持续产出。

（3）发布比创作更重要，要及时将内容发送到平台上。

如果运营者只创作内容，而不输出内容，那么这些内容就不会被人看到，也就没有办法通过内容来影响别人。

总之，运营者要根据自己的特点去生产和输出内容，最重要的一点就是要持续不断地去输出内容。因为只有持续输出内容，才有可能建立自己的行业地位，成为所在领域的信息专家。

3.1.4 符合相关标准

对于内容定位，内容最终是为用户服务的，要想让用户关注你，或者给你的内容点赞和转发，那么内容就必须能够满足他们的需求。要做到这一点，运营者的内容定位还需要符合一定的标准，如图3-2所示。

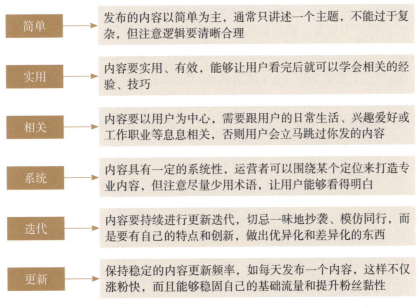

图 3-2 内容定位的 6 个标准

3.1.5 注意相关规则

全媒体平台上的大部分爆款内容，都是经过运营者精心策划的，因此内容定位也是成就爆款内容的重要条件。运营者需要让内容始终围绕定位来进行策划，保证内容的方向不会产生偏差。

在进行内容定位规划时，运营者需要注意以下几个规则。

（1）选题有创意。内容的选题尽量独特有创意，同时要建立自己的选题库和标准的工作流程，这样不仅能够提高创作的效率，而且还可以刺激用户持续观看的欲望。比如，运营者可以多收集一些热点加入选题库中去，然后结合这些热点来创作内容。

（2）内容有价值。不管是哪种内容，都要尽量给用户带来价值，让用户值得为你付出时间成本，来看完你的内容。比如，做搞笑类的内容，就需要能够给用户带来快乐；做美食类的内容，就需要让用户产生食欲，或者让他们有实践的想法。

除了上面这两种规则，在发布以视频为主要形式的内容时，运营者还需要注意以下3个方面的内容。

（1）剧情有落差。如果是发布视频形式的内容，就需要在短时间内将大量的信息清晰地叙述出来，因此内容通常都比较紧凑。尽管如此，运营者还是要脑洞大开，在剧情上安排一些高低落差，来吸引用户的眼球。

（2）时间有把控。运营者需要合理地安排视频的时间节奏，以抖音平台默认的拍摄15秒短视频为例，这是因为这个时间段的短视频是最受用户喜欢的，而短于7秒的短视频不会得到系统推荐，长于30秒的视频用户很难坚持看完。

（3）情感有对比。内容可以源于生活，采用一些简单的拍摄手法，来展现生活中的真情实感，同时加入一些情感的对比，这种内容反而更容易打动用户，主动带动用户的情绪。

★ 专家提醒 ★

在设计视频中的台词时，内容要具备一定的共鸣性，能够触动用户的情感共鸣点，让他们愿意信任你。

3.2 进行内容写作

为全媒体平台运营写文章，与一般的文字创作是有区别的，这主要是因为全媒体平台运营直接要面对的是互联网这个大背景，而要想通过文章吸引众多的粉丝，就需要在这一大背景下，具体地考虑文章写作的要点和技巧。本节将详细介绍。

3.2.1 设置关键词

文章能做营销活动,其重点就在于其合理地植入了产品营销的关键词,通过通俗易懂的文字让消费用户自然而然地接受了文中的广告。可以说,没有关键词投放的文章是没有营销价值的。

很多运营者也都想到了这一点,然而有些成功了,有些却翻了跟头,但是那些做得非常成功的运营平台,无一不是在掌握一定技巧的情况下,通过合理的关键词设置来获得高曝光率的。具体来说,巧妙设置关键词主要涉及3个方面的内容,如图3-3所示。

图 3-3 巧妙设置关键词的 3 个方面

3.2.2 借势热点与节日

不知道大家有没有这样的感觉:一有热点出现,或者每逢节日,点开全媒体平台账号的内容,发现或多或少都会有着它们的身影,这就是运营者常用且用户常见的借势类的文章。

其中,借势热点的文章,就是那些围绕热门话题、热点新闻、热点事件,以评论、追踪观察、揭秘、观点整理、相关资料等方式写作的文章。这类文章可以在第一时间从互联网上抓取流量,伴随新闻热点的巨大搜索量,相关评论、相关知识也将在第一时间获得转载、搜索,从而获得不少人气。

所以,作为运营者,要有灵敏的"嗅觉",才能扣住最新热点,成为以热点获利的幸运儿。多找一些热门词,不过一定要抓住时机,不要等热点冷却了一段时间,才发布文章,那样并没有什么用处,不会有几个人愿意去阅读过时信息的。

那么，热门文章究竟能够带给企业什么样的影响呢？总的来说，包括两个方面的内容，具体如下。

（1）容易获取关注。只要企业在热门话题还在被热议的时候发布热门文章，一般都不需要发愁没有点击量的情况发生。

（2）提高品牌知名度。企业在热门文章中，巧妙地插入自己品牌的名称、LOGO，都很容易提高企业品牌的知名度。

另外，借势节日也是一个不错的平台内容选择方式。因为对人们来说，节假日一直是人们比较期盼的。于工作而言，节日意味着休息和放假；于生活而言，节日意味着团聚和优惠。

因此，在全媒体平台上，运营者有必要加以运用——在文章中进行描述和提及，并进行相关的说明，或者产品的推荐，如图3-4所示，这样是很容易激发用户的阅读兴趣，并吸引用户关注的。

图3-4 文章中节日的运用

3.2.3 选择语言风格

有平台运营经验和文案编辑经验的运营者都知道，一篇成功文章的编写，有一个很重要的条件，那就是必须根据平台主体所处的行业和平台定位的订阅群体，慎重地选择适合该运营账号的语言风格。

语言风格是多种多样的，或严肃、或活泼、或幽默，不一而足。同样的，行业分类也很多，而在运营过程中之所以要把这两者与语言风格结合起来讲，其原因就在于从属于不同行业的平台，其所面对的目标用户是有着差异性的，而要想赢得那些目标用户的喜欢，就有必要选择一种适合他们的语言风格。

关于目标用户，一般可以为他们设置不同的标签，如年龄段、性别、地域、兴趣偏好等，这些都是在选择文章的语言风格时要注意和匹配的。下面为大家列举3种不同行业类型的语言风格，如图3-5所示。

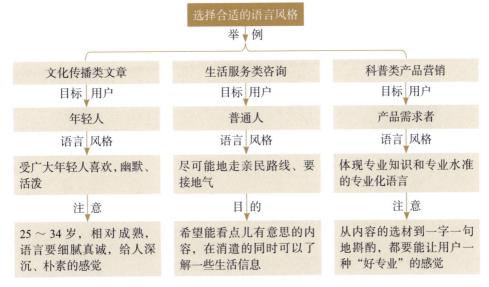

图3-5　3种不同行业类型的语言风格

而匹配和选择合适的语言风格，可能给粉丝带来优质的阅读体验。既然语言风格对内容运营如此重要，那么除了需要与行业及其目标用户相符合，还应该注意一个问题，那就是任何内容，只有当用户真正读懂了并与自身某一属性相符的情况下才会喜欢。

因此，在进行内容运营时，要尽量让文章内容接地气，编辑让用户看得懂的内容。否则，就会让用户产生阅读的疲惫感，自然也就没有继续阅读和分享的欲望了。

另外，如今的社会，互联网已经成为绝大多数人接触的区域，在网络环境下，网络语言的运用更容易让人感觉亲切和熟悉。因此，内容运营者自身不仅要熟悉网络语言，而且要懂得网络语言的用法，并且充分运用到自身的内容运营中去。

3.2.4 直白陈述福利

产品文案,其实质就是推送企业产品或品牌信息的,其中对产品福利活动信息的推送更是实现这一目的的佼佼者。

对运营者和企业而言,尽可能便捷地把意思清楚地传达给用户,才能形成预期的推送效果。因此,在推送产品福利信息时,应直白地说出来,那种为了追求所谓美感而写成了娱乐性或文艺性文章的做法,是完全不可取的。

也就是说,在企业产品或品牌推出了相关的福利活动时,应该在文案开篇就详细、直白地陈述出来。当然,这种福利信息的编写也不能泛泛而谈,而是应该注意要点,如图3-6所示。

图 3-6 直白说出福利文案内容的要点

用户一看到直白说出福利的文案内容,就会不由自主地点击查看和阅读下去,从而不知不觉中成为平台的粉丝。

3.2.5 使用权威数据

把数据引用到文章中,其作用是不容小觑的,特别是在那些需要展示成果的文章中。假如单纯地使用文字,即使说得天花乱坠,如无确凿的佐证,也无法使人信服,且容易让人产生厌烦心理。此时,如果引用一些经过验证的、具有权威性的数据,用数据说话,就会让人眼前一亮,心中信服。

可见,在推广的内容中,利用数据来进行说明能很好地解决"文章内容没效果"这个梗,且能用数据说清楚的就用数据,这样才能在增加内容说服力的同时让用户对内容有一个更直观的体验。

以一个加厚的笔记本为例,在商品内容描述中,利用数字来说明商品属性的写法可分为3种,如图3-7所示。

❶一般的写法:通常用具体的高度数值或内页的页数来表达。但要注意的是,纸张的材质是有区别的,因此纸的厚度也是有区别的,且在没有具体书籍作对比的情况下,320页到底有多厚有时是没有概念的。更不要说那种用多少毫米

来标注的了，更不能让人立刻明白到底有多厚。

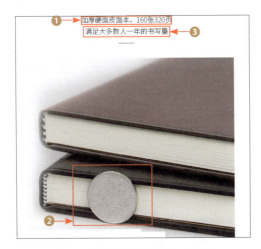

图3-7 笔记本厚度表达的3种写法

❷采用类比的方式：用人们常见的事物来描述，从而让用户在脑海中形成一个具体厚度，这不失为一种好的方法。它虽然没有具体的数字，但由于生活的积累而对事物产生的一种计量认知何尝不是数字的另一种表示呢？

❸这是一种既表现了笔记本厚度又体现了其价值的方法。对用户来说，笔记本只有使用了才是价值的真正体现，那么描述中的产品又能对用户有着怎样的价值呢？值不值得购买呢？基于这一点，在用数据来表示的时候可以采用图3-7中的说法——"满足大多数人一年的书写量"，让人一眼就能明白它确实有厚度、有价值。

其实，在用数据说话的内容描述中，可采用的方法是很多的，不仅可采用上面提及的某一种写法，还可以在描述中把上面3种写法综合起来。比如，描述某随身听的"把1000首歌装进你的口袋"的说法，就是一种既有明确的、具体的数字，又有类比，同时还明确地表明了它的价值，让人能很快就明白，表达形象，通俗易懂的说法。

可见，在数据的应用上，不能拘泥于某一种形式和写法，只要记住一个要点就行了，那就是语言描述中体现的数据信息能让用户理解、有实际价值，这就是成功的。

3.2.6 进行举例说明

可以说，各平台用于宣传的文章是带有浓厚的"广告"成分的文字形式。因此，它需要具备一定的说服力，才能打动用户。而除了数字，举例也是一种提升说服力的方法。

比如，在进行了一定的描述后，文字或图片来佐证上文的描述，这是一种常规的用举例来提升说服力的方法，具体表达方法如图3-8所示。

图 3-8　利用举例提升说服力的内容表达法

有时为了进一步阐述和让用户详细了解，还会在举例之后进行说明，以便让用户再次理解前文的描述和其与案例的契合度。

又如，运营者有时会在文章开头就通过他人实例来引入主题，让用户带着案例阅读，随着描述的内容一步步深入，用户对产品和服务的信任也就在一步步地加深。

3.2.7　巧妙利用连载

人们阅读文章，特别是技巧类和常识性方面的文章，看的就是它的全面性，认为成系列的文章推送将会更专业，也更容易满足他们广泛了解的要求。因此，在文章正文写作上，可从这方面着手，打造一些经典的、具有代表性的专题，以迎合用户的阅读兴趣和习惯。

比如，在"国庆"假期来临之际，微信公众号"手机摄影构图大全"就编辑了一系列关于假期出游拍摄的文章，如图3-9所示。这两篇文章中展示了国庆假期出行，摄友应怎样拍出美照。

从图3-9不难看出，推送的专题文章从不同的角度分析了摄影构图，让用户不仅感觉切合实际需要，还在分工上表现得非常细致和明确，很容易满足用户对不同场合关于摄影的技巧需求。

由此可知，利用连载类专题安排文章内容，有着极大的优势，具体表现在以下3个方面。

（1）时间安排方面：能够解决一段时间内的内容创意问题，有利于节省平台内容安排的时间。

（2）阅读量方面：使得每期的内容都有看点，保证了文章的阅读量。

（3）阅读习惯方面：让用户形成阅读习惯——根据平台的思路定期去看专题，寻找想要看的内容。

图3-9 微信公众号"手机摄影构图大全"编辑的系列关于假期出游拍摄的文章

本章小结

本章主要向读者介绍了全媒体内容策划的相关知识，帮助读者了解内容策划中的内容定位与内容写作等内容。通过对本章的学习，希望读者能够对全媒体内容策划的基本知识有很好的掌握。

全媒体运营：定位策划、矩阵打造、视频种草、直播带货

课后习题

鉴于本章知识的重要性，为了帮助读者更好地掌握所学知识，本节将通过课后习题，帮助读者进行简单的知识回顾和补充。

1. 做好内容定位，为什么要挖掘目标用户的痛点？
2. 利用连载类专题安排文章内容有哪些优势？

第 4 章
全媒体的平台选择

本章要点：

矩阵是指在各个平台建立起关系链，实现相互导流、分享、互动等。进行全媒体的矩阵打造，有利于运营者整合各平台的流量，提高转化率，最终实现带货卖货。本章就来为大家介绍运营者选择平台的相关内容。

4.1 了解全媒体矩阵

矩阵原本是一个数学术语，指纵横排列的二维数据表格，最早是来自方程组的系数及常数所构成的方阵。

全媒体矩阵，主要是指整合所有的媒体平台资源，实现全平台的运营，为同一企业或者品牌进行营销推广。而且，各平台之间可以相互进行引流、互动等。本节主要为大家介绍全媒体矩阵的相关内容，帮助大家更了解全媒体矩阵。

4.1.1 基本内容

全媒体矩阵并不是在各个平台上面注册账号，然后在差不多的时间发布相同的内容，这样根本达不到矩阵联动的真正效果。真正的全媒体矩阵，应该是打造品牌，提高IP影响力，进而提高产品转化率。

4.1.2 基本作用

建立全媒体矩阵，不仅可以让各个平台的账号进行梦幻联动，还能通过不同的表现形式吸引到不同平台的精准人群。下面介绍建立全媒体矩阵的作用，具体内容如图4-1所示。

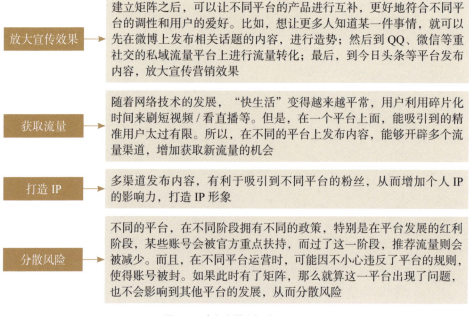

图 4-1 建立全媒体矩阵的作用

4.1.3 基本特点

进行全媒体矩阵运营前，运营者还需要明白其基本特点，如图4-2所示。

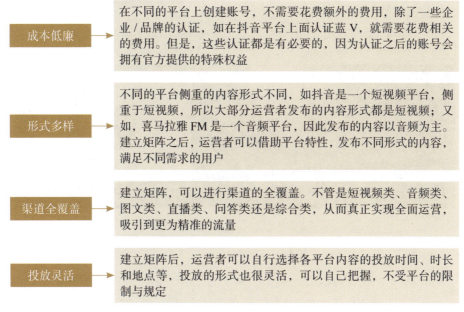

图 4-2　全媒体矩阵的基本特点

4.2　十大新媒体平台

了解完全媒体矩阵的相关内容之后，接下来就应该来了解组成这个矩阵的各个要素，即各大平台的选择。本节将为大家介绍十大新媒体平台，帮助大家更好地明白不同平台的特性与内容发布技巧。

4.2.1　微信公众号

微信公众号是微信推出的一个开放应用平台，在该平台上，运营者可以与用户实现文字、图片、视频、音频的全方面沟通、交流。

因为微信公众号没有单独的App，所以它的流量相对精准却又不那么精准，这是什么意思呢？根据腾讯发布的2022年第二季度财报可知，截至2022年6月30日，微信用户的月活跃量达到12.99亿，同比增长3.8%。这么庞大的流量无疑给了微信公众号极大的支持，但是在这些流量中，不是所有的流量都会去关注公众号,所以说它的流量相对精准。

微信公众号只能通过电脑进行登录,进入"微信公众平台"页面,如图4-3所示。在该页面中,运营者可以选择两种方式进行登录,一种是微信扫码,另一种则是使用账号进行登录。

图 4-3 "微信公众平台"页面

在图4-3中,我们可以看到微信公众平台的宣传语——"再小的个体,也有自己的品牌",我们可以理解为微信公众平台欢迎每一位想要打造自身品牌的运营者。微信公众号可以帮助运营者更好地进行营销推广。

微信公众号有3种常见的类型,分别为服务号、订阅号和企业微信,每种公众号的功能都有一定的区别,相关介绍如图4-4所示。

图 4-4 微信公众号的 3 种类别及其介绍

★ 专家提醒 ★

微信公众号的3种类别大体上的功能是一样的，但还是有一些不同的权益，运营者在刚开始注册的时候就可以先了解其各自的功能再进行选择。

4.2.2 视频号

视频号也是微信推出的一个功能，主要发布形式为短视频，其不同于微信公众号、小程序，是一个全新的内容创作与记录平台。

视频号跟公众号一样，都没有单独的App，在该平台上，运营者可以自行发布视频。下面为大家介绍详细的操作步骤。

步骤01 进入微信平台中，点击"发现"按钮，如图4-5所示，即可进入"发现"界面。

步骤02 执行操作后，选择"视频号"选项，如图4-6所示。

图 4-5 点击"发现"按钮

图 4-6 选择"视频号"选项

步骤03 执行操作后，即可进入"推荐"界面，在此界面中可以看到相关的短视频，点击右上角的 图标，如图4-7所示。

步骤04 执行操作后，进入相关界面，点击"我管理的视频号"板块下的"发表视频"按钮，如图4-8所示。

图 4-7 点击相应的图标

图 4-8 点击"发表视频"按钮

步骤 05 执行操作后，弹出对话框，选择"从相册选择"选项，如图4-9所示。

步骤 06 执行操作后，即可进入"图片和视频"界面，❶选择需要发布的视频（或者图片）；❷点击"下一步"按钮，如图4-10所示。

步骤 07 执行操作后，即可进入编辑界面。在此界面中，❶添加文字；❷点击"完成"按钮，如图4-11所示。

图 4-9 选择"从相册选择"选项

图 4-10 点击"下一步"按钮

第4章 全媒体的平台选择

步骤08 执行操作后，即可进入发布界面。在此界面中，❶设置相关的内容；❷点击"发表"按钮，如图4-12所示。

步骤09 执行操作后，即可自动跳转至"关注"界面，如果左上角出现刚才的视频封面，即说明该视频发布成功了，如图4-13所示。

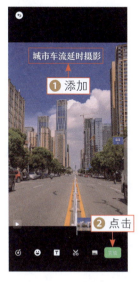  

图 4-11　点击"完成"按钮　　图 4-12　点击"发表"按钮　　图 4-13　视频发布成功

视频号是微信用来对标抖音的一个平台，因为背靠微信这一巨大的流量池，所以视频号一经推出，就受到很多人的欢迎。据2023微信公开课PRO可知，2022年视频号的总用户使用时长已经超过了朋友圈总用户使用时长的80%，视频号直播的看播时长增长156%，直播带货销售额增长800%。

由此可以看出，随着视频号功能的不断完善，它的潜力也在不断释放。在未来几年内，视频号仍然会处于发展期。运营者们可以利用这一发展机遇，建立自己的账号。

4.2.3　小红书

小红书是一个年轻人聚集的潮流生活社区平台，它集内容社区、产品电商和正品自营3大功能于一体。越来越多的年轻人，特别是女性群体都在小红书上找到自己感兴趣的内容，让小红书成了不可替代的生活方式平台。

小红书的Slogan（口号、广告语）是"标记我的生活"，如图4-14所示，这一内容在我们进入小红书App时就能看到。

图 4-14 小红书的 Slogan

据2022年小红书商业生态大会公布的数据显示，小红书的用户月活跃量达2亿，其中有72%的用户是90后。可见，小红书在年轻群体中的商业潜力是非常大的，况且目前还没有可以与之媲美的同类型平台，因此极大地提高了小红书的不可替代性，也正是这样让其在不断地稳步发展。

小红书的内容发布形式主要有3种，分别为图文、视频和直播。在进入小红书App后，系统默认停留在"首页"的"发现"界面中，在该界面中有很多频道，如"推荐""视频""直播""穿搭""美甲""美食"等。

运营者可以根据自己的运营方向和内容定位对这些频道进行选择和排序，以方便自己查看和熟悉相关账号发布的内容，从而完善自己感兴趣的内容。选择频道的详细操作步骤如下。

步骤01 进入小红书App中，在"首页"的"发现"界面中点击 ∨ 图标，如图4-15所示。

步骤02 执行操作后，弹出列表框，在此列表框中可以看到两大板块的内容，分别为"我的频道"和"推荐频道"。下面以修改"我的频道"中的内容为例，为大家介绍调整自己已添加频道顺序的操作步骤。

★ 专家提醒 ★

"我的频道"板块中都是运营者在刚进入该平台中时自己选择的内容，这些频道在"首页"的"发现"界面中都有单独的板块进行展示，而且还可以自行对这些频道进行排序、删除等操作；"推荐频道"则是自己之前没有选择的内容，运营者可以在这里选择自己喜欢的频道，然后将其添加到"我的频道"板块中去。

步骤03 执行操作后，点击"我的频道"板块右侧的"进入编辑"按钮，如图4-16所示。

第4章　全媒体的平台选择

图4-15　点击相应的图标

图4-16　点击"进入编辑"按钮

步骤04　执行操作后，❶长按"摄影"按钮并将其移动到"直播"频道的后面；❷点击"完成编辑"按钮，如图4-17所示。

步骤05　执行操作后，即可完成排序，如图4-18所示。

图4-17　点击"完成编辑"按钮

图4-18　完成排序

★ 专家提醒 ★

因为小红书的频道中有3个固定的内容，即"推荐""视频""直播"，所以运营者在调整自身喜爱的频道顺序时，最多只能将其移到"直播"的后面。

51

步骤06 执行操作后，返回"发现"界面，即可看到频道的排序发生了变化，点击"摄影"按钮，如图4-19所示。

步骤07 执行操作后，即可进入"摄影"频道，在此可以查看到其他账号发布的摄影类的相关内容，如图4-20所示。

图 4-19　点击"摄影"按钮　　　　图 4-20　查看其他账号发布的摄影类内容

在"推荐"频道中，看到的内容主要是以图文形式呈现的，主要是因为有单独的"视频"频道，所以其他频道下面图文形式的内容占比更大。

除了图文和视频这两种表现形式，运营者还可以通过直播来进行营销推广，而在小红书这一平台中，最常使用的电商带货方式就是直播带货。下面介绍在小红书开带货直播的操作步骤。

步骤01 进入小红书App的"首页"界面中，点击➕图标，如图4-21所示。

步骤02 执行操作后，进入"全部"界面中，点击右下角的"直播"按钮，如图4-22所示。

步骤03 执行操作后，即可进入"直播"界面，如图4-23所示。

步骤04 在"直播"界面中，❶更换一个新的封面；❷选择"直播类型"选项，如图4-24所示。

步骤05 执行操作后，弹出"选择直播类型"对话框，在此运营者需要选择符合自身账号定位的类型，❶切换至相应的选项卡，如"兴趣爱好"；❷选择"文具手账"选项；❸点击"完成"按钮，如图4-25所示。

第4章 全媒体的平台选择

图 4-21 点击相应的图标

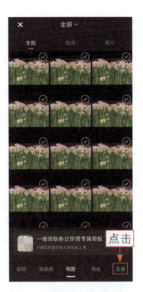

图 4-22 点击"直播"按钮

图 4-23 "直播"界面

图 4-24 选择"直播类型"选项

图 4-25 点击"完成"按钮

步骤 06 执行操作后，❶选中"开播即代表同意《直播服务协议》和《直播规范》"复选框；❷点击"开始视频直播"按钮，如图4-26所示。

步骤 07 执行操作后，画面中会开始显示倒计时，如图4-27所示。

步骤 08 执行操作后，即可开始直播，如图4-28所示。

53

图 4-26　点击"开始视频直播"按钮　　　图 4-27　显示倒计时　　　图 4-28　开始直播

4.2.4　B站

B站，中文全称为"哔哩哔哩"，被称为"中国Z世代高度聚集的文化社区和视频网站"。据B站2022年财务报告显示，日均活跃用户达9280万，同比增长29%。虽然B站已经过了飞速发展的红利期，但是运营者仍然能在此发展自身的账号，助力形成品牌IP。

★ 专家提醒 ★

Z世代（Generation Z），主要是指1995年至2009年出生的一代人。

在B站上发布内容主要有3种常用形式，包括视频、直播、专栏等。下面以写专栏为例，为大家介绍详细操作步骤。

步骤01　进入B站App后，在"我的"界面中，点击"有奖发布"按钮，如图4-29所示。

步骤02　执行操作后，进入相关界面中，点击左下角的"写专栏"按钮，如图4-30所示。

步骤03　执行操作后，进入"专栏投稿"界面，❶设置标题；❷输入专栏写作内容；❸点击◎图标，如图4-31所示。

第4章 全媒体的平台选择

图4-29 点击"有奖发布"按钮

图4-30 点击"写专栏"按钮

图4-31 点击相应的图标（1）

步骤04 执行操作后，进入相应的界面，在此界面中，运营者可以进行封面、标签、活动、评论、创作声明的设置，如选择"封面设置"选项，如图4-32所示。

步骤05 执行操作后，点击"上传图片"按钮，如图4-33所示。

步骤06 执行操作后，进入"所有相片"界面，选择一张合适的图片，即可进入"裁剪"界面，裁剪完成之后，点击✓图标，如图4-34所示。

图4-32 选择"封面设置"选项

图4-33 点击"上传图片"按钮

图4-34 点击相应的图标（2）

步骤 07 执行操作后，即可成功显示刚上传的图片，如图4-35所示。

步骤 08 执行操作后，返回之前的界面，❶点击"发布文章"按钮，弹出"提示"对话框；❷点击"点击查看"按钮，如图4-36所示。

图 4-35　显示图片

图 4-36　点击"点击查看"按钮

步骤 09 执行操作后，自动进入"稿件管理"界面，在"专栏"选项卡下，选择刚才发布的稿件，如图4-37所示。

步骤 10 执行操作后，进入稿件预览界面，如图4-38所示。

图 4-37　选择稿件

图 4-38　稿件预览界面

步骤 11 等稿件成功发布之后，运营者可以进入"我的"界面，点击自己的头像，如图4-39所示。

步骤 12 执行操作后，即可进入个人主页界面，在"主页"选项卡下，可以看到已经成功发布的专栏稿件，点击该稿件，如图4-40所示。

步骤 13 执行操作后，即可进入稿件详情界面，如图4-41所示。

图 4-39　点击头像

图 4-40　点击稿件

图 4-41　稿件详情界面

★ 专家提醒 ★

运营者在发布完稿件之后，如果看到稿件还处于审核中的状态，此时点进去就会自动跳转至预览界面。

4.2.5　抖音

抖音是目前国内拥有最大流量的短视频平台，随着2023年1月28日抖音超市的正式上线，抖音的电商功能已十分完善，越来越多的电商运营者都加入其中。

抖音的口号是"记录美好生活"，希望通过短视频来记录用户的生活、与其他用户共享美好，以及看见世界各处的美好。可见，抖音官方扶持的重点在于短视频。

运营抖音平台，最需要掌握的就是短视频的制作与发布，虽然在抖音平台上还有很多内容发布形式，如图文、照片、文字等，但是这些发布形式或多或少会被限流。因此，为了吸引到更多、更精准的流量，运营者在运营抖音平台的时候，最好以发布短视频这种形式为主。

下面为大家介绍在抖音平台上发布短视频的详细操作步骤。

步骤01 进入抖音短视频App后，系统默认停留在"首页"的"推荐"界面，点击 ⊕ 图标，如图4-42所示。

步骤02 执行操作后，即可进入"快拍"界面，点击"相册"按钮，如图4-43所示。

图 4-42 点击相应的图标

图 4-43 点击"相册"按钮

步骤03 执行操作后，进入"所有照片"界面中，❶切换至"视频"选项卡；❷选择需要上传的视频，如图4-44所示。

步骤04 执行操作后，进入视频编辑界面中，❶为该视频添加一个合适的背景音乐；❷点击"下一步"按钮，如图4-45所示。

步骤05 执行操作后，进入发布界面，❶添加相关描述；❷添加位置；❸点击"发布"按钮，如图4-46所示。

图 4-44 选择视频

图 4-45 点击"下一步"按钮

步骤06 执行操作后，即可成功发布该视频，如图4-47所示。

图 4-46 点击"发布"按钮

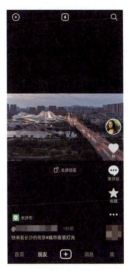

图 4-47 成功发布视频

4.2.6 快手

国内的短视频平台，除了抖音，就不得不提及快手。据2022全年及第四季度财报显示，快手的平均日活跃用户同比增长13.3%，达3.66亿，平均月活跃用户规模达6.4亿。由此可见，快手平台的"活力"和"潜力"还是很强的。

快手平台的用户属性主要有3种特征，具体内容如图4-48所示。

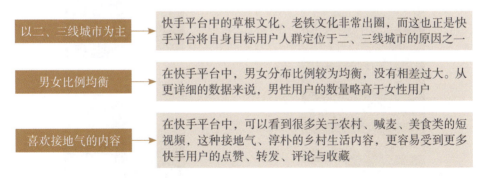

图 4-48 快手平台用户属性的 3 种特征

快手平台的内容发布形式主要有短视频、图文、文字、直播等，因为快手的定位是短视频平台，因此快手官方是更扶持短视频这种形式的。但是，由于电商行业的发展，直播和图文也越来越受到重视。所以，运营快手这一平台可以按照自身的定位来选择发布形式，使其吸引到更为精准的用户，并提高粉丝黏性。

下面以发布图文形式的内容为例，为大家介绍在快手短视频App上的详细操作步骤。

步骤01 进入快手短视频App后，系统默认停留在"精选"界面，点击 图标，如图4-49所示。

步骤02 执行操作后，即可进入"随手拍"界面中，点击"相册"按钮，如图4-50所示。

步骤03 执行操作后，进入"最近项目"界面，❶切换至"照片"选项卡；❷选择需要发布的照片；❸点击"下一步"按钮，如图4-51所示。

步骤04 执行操作后，即可进入"照片电影"界面中，❶切换至"图集"选项卡；❷点击"画质增强"按钮；❸点击"下一步"按钮，如图4-52所示。

图4-49 点击相应的图标（1）

图4-50 点击"相册"按钮

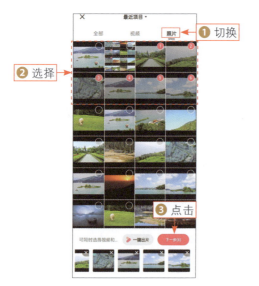
图4-51 点击"下一步"按钮（1）

图4-52 点击"下一步"按钮（2）

★ 专家提醒 ★

进入"照片电影"界面后，系统会自动给该作品添加背景音乐，运营者也可以自行搜索并添加。

步骤 05 执行操作后，即可进入发布界面中，点击"编辑封面"按钮，如图4-53所示。

步骤 06 执行操作后，即可进入相应的界面中，❶选择需要作为封面的照片；❷选择封面文字，如"自然风光"；❸为封面文字选择一款合适的字体样式，如图4-54所示。

步骤 07 执行操作后，❶调整好该文字的大小和位置；❷点击✓图标，如图4-55所示。

图 4-53　点击"编辑封面"按钮　　图 4-54　选择合适的字体样式　　图 4-55　点击相应的图标（2）

步骤 08 执行操作后，❶添加合适的文字描述和话题；❷点击"发布"按钮，如图4-56所示。

步骤 09 执行操作后，即可成功发布该图文视频，系统会自动跳转至"首页"的"朋友"界面，如图4-57所示。

步骤 10 ❶点击"我"按钮，进入"我"界面；❷在"作品"选项卡中可以查看刚发布的图文视频，如图4-58所示。

图 4-56　点击"发布"按钮　　图 4-57　跳转至"朋友"界面　　图 4-58　查看刚发布的图文视频

★ 专家提醒 ★

运营者在发布作品时，可以为其添加一个位置，这样有利于开启了"同城"功能的用户刷到该作品，从而增强宣传的效果。

4.2.7　新浪微博

新浪微博是一个社交媒体平台，于2009年8月正式上线运行，自此之后便呈现爆发式增长。据微博2022年财报显示，截至2022年底，微博的月活跃用户已达5.86亿，日活跃用户达2.52亿。

运营者可以通过在该平台上发布文字、图片、视频等形式的内容，来实现账号之间的交流与互动。微博中的流量大多数为公域流量，因此潜在流量非常大，更有利于运营者进行营销推广。

在手机上面打开微博App，即可看到微博现在的宣传语——"随时随地发现新鲜事！"如图4-59所示。微博是一个可以发现世界各处新闻的平台，对时事感兴趣的用户都有可能进入该平台。

图 4-59　微博的宣传语

在微博平台上发布内容,主要有4种形式,具体如下。

(1)图文(还包括纯图片和纯文字):是微博平台上最常见的内容形式。

以前发布图文内容的微博时,在视频和图片中只能选择一个,即只有两种选择——"文字+图片"和"文字+视频"。但是,现在软件更新后,有了一种新的形式,可以把这3种内容融合起来,即"文字+图片+视频",可以同时选择图片和视频了。下面介绍详细的操作步骤。

步骤01 进入微博App,系统默认进入"首页"的"关注"界面,点击右上角的 ➕ 图标,如图4-60所示。

步骤02 执行操作后,弹出一个列表框,选择"写微博"选项,如图4-61所示。

图4-60 点击相应的图标(1)

图4-61 选择"写微博"选项

步骤03 执行操作后,进入"发微博"界面,❶输入文字内容;❷点击 🖼 图标,如图4-62所示。

步骤04 执行操作后,即可进入"图片和视频"界面中,❶选择需要发布的图片和视频;❷点击"下一步"按钮,如图4-63所示。

步骤05 执行操作后,进入编辑界面,如图4-64所示,在此可以对图片和视频进行相关的编辑工作。

图4-62 点击相应的图标（2）　　图4-63 点击"下一步"按钮　　图4-64 编辑界面

步骤06 运营者可以通过滑动屏幕，编辑所有的图片和视频，❶点击"下一步"按钮；❷界面中会显示处理进度，如图4-65所示。

步骤07 操作完成后，自动返回"发微博"界面，运营者如果想修改这些内容的顺序，只需长按要移动内容的封面至相应的地方即可。内容编辑完成之后，点击"发送"按钮，如图4-66所示。

步骤08 执行操作后，自动返回"关注"界面，并显示该内容的上传进度，如图4-67所示。

图4-65 显示处理进度　　图4-66 点击"发送"按钮　　图4-67 显示上传进度

步骤 09 发送成功后，点击"我"按钮，如图4-68所示。
步骤 10 执行操作后，进入"我"界面，点击账号的头像，如图4-69所示。
步骤 11 进入个人主页界面后，即可查看刚发布的内容，如图4-70所示。

图 4-68　点击"我"按钮　　图 4-69　点击账号的头像　　图 4-70　查看刚发布的内容

★ 专家提醒 ★

在微博平台上发布图文作品时，有3个需要注意的地方，具体内容如下。
• 在发布"文字＋图片＋视频"形式的作品时，最多只能选择9张图片和视频，如图4-71所示。

　　　　　　🌀 最多选择9个图片和视频

图 4-71　发布"文字＋图片＋视频"形式的作品时需要注意的地方

• 在发布"文字＋图片"形式的作品时，最多只能选择18张图片，如图4-72所示。

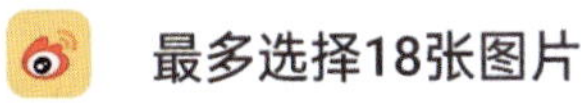

　　　　　　🌀 最多选择18张图片

图 4-72　发布"文字＋图片"形式的作品时需注意的地方

• 在发布"文字＋视频"形式的作品时，最多只能选择9个视频，如图4-73所示。

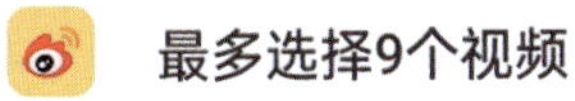

　　　　　　🌀 最多选择9个视频

图 4-73　发布"文字＋视频"形式的作品时需注意的地方

（2）视频：运营者发布纯视频作品时要注意，最多只能选择18个视频，如图4-74所示。这主要是因为系统会自动将这些视频合成一个视频，素材不宜过多。

最多选择18个视频

图 4-74　发布纯视频作品时的个数限制

（3）头条文章：平常的微博有字数的限制，超过5000字就发布不了了，且系统还会自动弹出一个"字数过多"的对话框，如图4-75所示。根据该对话框的提示，可以将字数过长的内容生成头条文章，头条文章的字数限制为10万字，如图4-76所示。

图 4-75　"字数过多"对话框　　　　图 4-76　头条文章的字数限制

（4）直播：运营者可以通过开直播来发布内容，且不用担心用户看不到，因为直播结束后，用户可以通过运营者账号的主页界面来查看直播回放，详细步骤如下。

步骤01 进入某一账号的主页界面，点击资料介绍板块中的"直播"按钮，如图4-77所示。

步骤02 执行操作后，即可进入"历史直播记录"界面中，如图4-78所示，在此界面中可以查看该账号过往所有的直播记录。

第4章 全媒体的平台选择

图 4-77　点击"直播"按钮

图 4-78　进入"历史直播记录"界面

4.2.8　今日头条

今日头条是一个新闻资讯平台，主要作用是为用户推荐信息、分享新闻咨讯。图4-79所示为今日头条的"推荐"页面。

图 4-79　今日头条的"推荐"页面

今日头条为运营者和用户提供了很多不同类型的新闻资讯，从图4-79中我们可以看到"关注""推荐""长沙""视频""财经""科技""热点""国

67

际"和"更多"这些板块。点击"更多"按钮,在弹出的列表框中会看到其他类型的新闻资讯,详情如图4-80所示。

图 4-80　今日头条的"更多"板块

4.2.9　大鱼号

大鱼号是一个以内容创作为主的平台,所以非常重视原创,而且还有很多鼓励原创作者的扶持计划,运营者可以通过在该平台上发布原创内容来获取收益。图4-81所示为大鱼号的主页。

图 4-81　大鱼号的主页

在大鱼号这一平台上发布内容,虽然没有其他平台方便,但是也有很多的优势,具体内容如图4-82所示。

图 4-82　大鱼号的平台优势

大鱼号平台内容发布的主要形式为图文和视频,运营者想要在该平台上发布内容,需要先注册一个账号。大鱼号主要有5种账号类型,详细内容如图4-83所示。

运营者可以按照符合自身的账号类型进行注册,并填写相关资料,即可完成大鱼号的注册。

图 4-83　大鱼号的5种账号类型

下面为大家介绍在UC浏览器中注册大鱼号的操作步骤。

步骤01　进入UC浏览器App,登录UC账号后,点击账号头像,如图4-84所示。

步骤02　执行操作后,进入"账户管理"界面,选择"入驻大鱼号"选项,如图4-85所示。

步骤03　执行操作后,进入"入驻大鱼号"界面,在此可以填写邀请码,如果没有邀请码,也可以直接点击"跳过"按钮,如图4-86所示。

全媒体运营：定位策划、矩阵打造、视频种草、直播带货

图 4-84　点击账号头像　　　图 4-85　选择"入驻大鱼号"选项　　　图 4-86　点击"跳过"按钮

步骤 04　执行操作后，即可进入"基础信息"板块，❶设置好头像、名称、创作领域和简介信息；❷点击"下一步"按钮，如图4-87所示。

步骤 05　执行操作后，即可进入"联系方式"板块，❶填写好手机号码和验证码；❷点击"下一步"按钮，如图4-88所示。

图 4-87　点击"下一步"按钮（1）　　　图 4-88　点击"下一步"按钮（2）

步骤 06　执行操作后，❶选中"我同意并遵守《大鱼号平台服务协议》与

《隐私权政策》复选框；❷点击"淘宝一键认证"按钮，如图4-89所示。

步骤07 执行操作后，即可跳转至"实人认证服务"界面，❶选中"我已同意实人认证服务通用规则"复选框；❷点击"开始认证"按钮，如图4-90所示。

图4-89 点击"淘宝一键认证"按钮

图4-90 点击"开始认证"按钮（1）

步骤08 执行操作后，即点击"开始认证"按钮，如图4-91所示。

步骤09 执行操作后，进入"拍摄照片"界面，如图4-92所示，在此界面中完成"确认证件"和"人脸验证"这两个步骤，然后点击"提交"按钮。

图4-91 点击"开始认证"按钮（2）

图4-92 "拍摄照片"界面

步骤10 执行操作后，若通过实名认证，那么点击"提交审核"按钮即可完成注册步骤。

注册完成之后，运营者还需等待1~3个工作日，审核通过之后，即可在大鱼号平台上制作、发布、传播相关内容了。

★ 专家提醒 ★

大鱼号没有单独的App，只能通过网页版和UC浏览器进行登录和操作。通过网页版登录大鱼号一共有4种方式，具体内容如下。
（1）使用密码登录。
（2）通过验证码登录。
（3）通过浏览器扫码登录。
（4）通过优酷土豆账号进行登录。

4.2.10 知乎平台

知乎的定位是问答社区，同时它也是一个创作者聚集的原创内容平台，于2011年1月正式上线。

知乎致力于让人们更好地分享见解、解析疑问等，从知乎的口号——"有问题，就会有答案"就可看出，如图4-93所示。

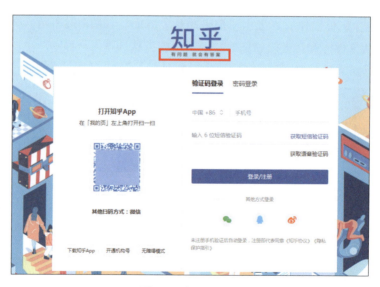

图4-93 知乎的口号

登录进入知乎平台后，在"首页"界面中，有4大板块，分别为"关注""推荐""热榜""视频"，在该界面中，我们可以查看到关注账号发布的内容、平台根据你常看的内容给你推荐的同类型内容、平台中的实时热度内容，以及视频内容。

刚登录进入知乎平台时，页面会默认停留在"推荐"板块，因此运营者可以切换至"热榜"板块，在此查看该平台中用户实时喜爱度排行前列的内容，学习其写作方式和相关热点内容。图4-94所示为知乎"热榜"板块。

图 4-94　知乎"热榜"板块

4.3　选择平台的依据

其实，现在的网络这么发达，越来越多的用户都同时使用多个平台，进行全媒体运营，能够提高账号的IP知名度。但是，运营者可能没有太多的时间去运营全部的平台，这时候就可以从中选取一些对自身账号有帮助的平台。那么，运营者应该如何来选择平台呢？本节将详细介绍。

4.3.1　用户纯净度

用户的纯净度是指你的目标用户年龄或者用户画像在这个平台用户中的占比。下面以抖音和快手为例，为大家讲解这两个平台的用户画像，助力大家选择适合自身定位的平台。

下面是抖音和快手两个平台的用户画像，如图4-95所示。

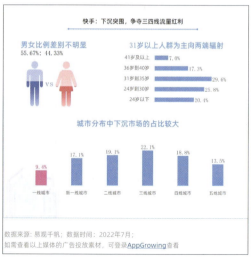

图 4-95　抖音和快手两个平台的用户画像

抖音和快手都是短视频平台,但是其用户画像却不完全相同。由图4-95可知,抖音和快手的用户画像有两个不同之处,具体内容如下所述。

(1)地域分布:抖音中一线城市用户多,尤其是新一线城市占比最大;而快手则是下沉市场占比较大,其中三线城市占比最大。

(2)年龄分布:抖音中24岁到30岁的用户占比最大,而快手则是31岁到35岁,抖音的用户更偏年轻化。

综上所述,运营者可以通过不同平台的用户画像来制定、发布更受平台用户喜爱的内容,以平台用户画像中占比更大的用户属性作为自己在该平台的目标用户群体,并结合自己的账号定位,精准地发布内容,如某一运营者将自己的账号定位为摄影技巧分享类,结合抖音的用户画像,就可以发布一些美食、旅游、风景、人像等类型的视频到抖音短视频App上,这些内容会更受年轻用户群体的欢迎。

因此,运营者可以根据平台的用户纯净度来选择平台,以便更好地受到平台用户的喜欢,从而吸引到更多的流量。

4.3.2　运营工具

运营工具是指在运营平台时需要用到的工具,主要是指平台自带或推出的工具,如抖音的剪映和创作者服务中心、B站的创作中心等。下面以抖音的剪映和B站的创作中心为例,为大家讲解其功能,助力运营者选择平台。

1. 剪映

在抖音短视频App上可以拍摄、编辑、发布短视频,该平台已经拥有了比较全面的功能,但剪辑能力还是不太齐全,因此抖音官方推出了一款独立的视频剪辑软件——剪映。

剪映作为专门的视频剪辑应用,不仅有丰富的曲库、多样的贴纸特效及全面的滤镜,更方便的是,在剪映上面剪辑完成的视频,可以直接发布到抖音平台。也正是由于这一优点,让剪映一经推出就受到极大的欢迎。

图4-96所示为在剪映App中导出视频后的相关界面。在该界面中,有一个"分享视频到"板块,其中有"抖音"这一选项,选择该选项可直接跳转至抖音的视频编辑界面,如图4-97所示。

而且,运营者和用户都只能通过抖音账号来登录剪映App,这一功能有两大优点,一是方便抖音用户发布视频,二是可以通过剪映App为抖音引流。图4-98所示为剪映App的登录界面。

图 4-96　在剪映 App 中导出视频后的相关界面　　图 4-97　抖音的视频编辑界面　　图 4-98　剪映 App 的登录界面

2. B站的创作中心

运营B站,一定要用到的工具就是"创作中心"。通过创作中心,运营者可以查看账号近30日的数据情况,如粉丝量、视频播放量、弹幕量、涨粉数量、稿件数、空间访客量等内容。通过这些数据,运营者可以总结出近30日视频的受欢迎程度，并通过弹幕及评论了解目标用户的感想及评价等，以此来不断完善自身账号的作品，从而制作、发布出更受欢迎的作品。

除了"近30日数据"板块，在"创作中心"界面中还有6大板块，分别为"任务中心""创作灵感""常用服务""有奖活动""必剪素材库""创作学院"，如图4-99所示。

图 4-99 B 站的"创作中心"界面

综上所述，运营工具能让运营者更快速地了解该平台，运营者可以通过不同平台的运营工具来选择平台。

4.3.3 粉丝价值

粉丝价值主要是指粉丝能够带来的价值，包括4大维度，分别为互动积极性、粉丝的用户画像、主动传播意愿、购买意愿和购买力，详细内容如下。

（1）互动积极性：粉丝对账号的互动、交流，即粉丝黏性。

（2）粉丝的用户画像：对粉丝进行标签定位，分析粉丝的用户属性，包括粉丝性别、地域、职业、兴趣爱好等内容。

（3）主动传播意愿：粉丝对内容的信任度，也是内容优质程度的体现。

（4）购买意愿和购买力：直接的商业变现，能体现出粉丝对账号的忠诚度及信任度。

运营者可以根据这4个维度的内容去分析各平台的粉丝价值，选择符合自身账号定位的平台，从而能更精准地进行营销推广。

4.3.4 扶持力度

扶持力度主要是指平台官方推出的扶持计划，不仅会受到官方更多的推荐流量，还能够获取额外的收益。下面以小红书为例，介绍其推出的扶持计划。

小红书平台官方在2023年推出了"时尚星火计划"，主要内容和扶持力度如图4-100所示。

图4-100　"时尚星火计划"的主要内容和扶持力度

从图4-100可以看出，参与该扶持计划，运营者可以获得相关的优惠，如流量的曝光、货物的选择等。不过，运营者不能因为平台官方推出了扶持计划，就毫无目的地去参与，而是需要根据自身的账号定位、参与该计划的获益程度等来权衡。

4.3.5 内容形式

不同平台中受欢迎的内容形式也不同，运营者需要根据各平台最受欢迎的内容形式来发表内容。下面为大家介绍各平台常用的内容形式。

1. 图片类

随着网络的发展，人们对文章的阅读越来越精细化，觉得一篇极长的纯文字文章很难静下心去阅读完。此时，如果在该文章中添加一些与文章内容相呼应的图片，就可以缓解用户阅读时的不耐烦感，提高文章的完读率。

特别是一些美妆类的账号，发布的大部分内容都应该是向用户推荐美妆产品、介绍其效果的，此时如果用长篇大论来介绍，就算其中的价值很高，该篇文章还是不会吸引到很多的流量。其主要原因是，使用完美妆产品的效果用文字表达不出来,只能让用户去想象,毕竟每个人的思维不一样,想象出来的东西也会不一样。而图片则能直接地向用户传递效果。

再如,美食类的账号使用图片发布内容,就能很好地体现出制作步骤,让用户更了解其制作过程。图4-101所示为美食类账号使用图片形式发布内容的示例。

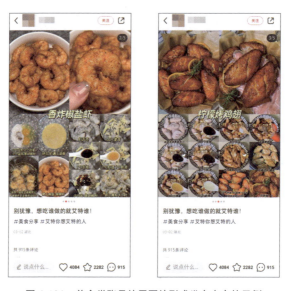

图 4-101　美食类账号使用图片形式发布内容的示例

2. 文字类

文字是最基本的表达形式,虽然随着短视频行业的发展,短视频越来越常用,但是文字往往更能引发共鸣,传达情绪、情感。

文字也是最为常用的内容形式,大部分平台都可以发布文字类的内容。而且,还有很多以文字为主要内容形式的平台,如知乎、今日头条、微博、微信公众号、一点资讯等。

3. 语音类

语音类主要是指通过唱歌、说书、说课、说小品、说相声、说播客等内容形式进行分享、交流的短视频形式。特别是在如今快节奏的生活中,如何利用好碎片化时间是运营者需要去思考的。如在通勤的路途中,很多上班族就会通过使用语音类的App来度过无聊的坐车时间。

因此,许多音频类App也如雨后春笋般出现在人们的视线中,如猫耳FM、喜马拉雅、荔枝、蜻蜓FM、企鹅FM、云听等。

图4-102所示为喜马拉雅App的"首页"界面。在进入App时，界面上显示了该软件的主要功能，如"听书""听课""听播客"等。

图 4-102 喜马拉雅 App 的"首页"界面

4. 视频类

随着移动端和网络技术的发展，短视频因为短、快、平的特点逐渐受到了大众的喜欢。因此，短视频平台发展极快，如抖音、快手等，蕴含的流量巨大，且这两个平台的月活跃用户在App月活用户的排行榜中都位居前列。

5. 直播类

以前，直播主要是指电视直播，即电视台同步播出现场事件。而到了21世纪，网络直播的快速发展，使其逐渐取代了电视直播。

而且，随着电商行业的发展，使直播带货变得更加受欢迎，大部分平台都推出了直播这一功能，如抖音、快手、小红书、B站、微博等。除此之外，还有许多专门做直播的App，如虎牙直播、斗鱼、YY等。

4.3.6 收益模式

不同类型的平台收益模式也不同，主要有5种类型，具体内容如下。

（1）内容变现：运营者在平台上发布内容，受到用户的点赞、评论、转发与收藏，创作出的内容越受欢迎，就会收到越多平台给予的创作收益。

（2）广告植入：这种收益模式主要包括软广和硬广两种广告植入方式，运营者通过和品牌合作，拍摄或写作相关内容，来宣传品牌，即可收到来自品牌的营销推广费用。

（3）种草带货：包括直播带货、视频类带货、图文类带货等形式，并且都有其各自的优点。比如，直播带货主要在于秒杀、抢购，营造出一种供不应求的现象；而图文类带货则是以测评类为主，因为没有时间限制，只需显示出产品的效果就达到目的了。

（4）知识付费：是指运营者发布进行单独付费的内容，如知乎平台的咨询和回答等，通过给用户提供有用的回答和建议，来获取收益。

（5）产品导流：通过一种产品的流量去宣传另一种产品，让用户产生去了解这种产品的欲望。

但是，运营者尽量不要通过变现模式去选择运营平台，因为变现并不取决于收益模式，主要在于内容和流量。

本章小结

本章主要向读者介绍了全媒体平台选择的相关知识，帮助读者了解了全媒体矩阵、十大常见新媒体平台、选择平台的依据等内容。通过对本章的学习，希望读者能够对平台选择的基本知识有很好的掌握。

课后习题

鉴于本章知识的重要性，为了帮助读者更好地掌握所学知识，本节将通过课后习题，帮助读者进行简单的知识回顾和补充。

1. 建立全媒体矩阵，有哪些作用？
2. 作为运营者，选择平台的依据有哪些？

第 5 章
全媒体的矩阵搭建

本章要点：

　　了解完各大平台的相关内容之后，接下来就是进行矩阵搭建了。运营者可以通过打造运营团队、构建私域流量池等操作来完成全媒体矩阵的搭建。本章就来为大家介绍矩阵搭建的相关内容，帮助运营者实现全媒体矩阵运营。

5.1 打造全媒体矩阵

目前,有很多单平台的运营者为了吸引更多的流量,都会建立自己的平台矩阵,同步推广内容,以此来扩大IP的知名度及其影响力。

那么,应该如何打造全媒体矩阵呢?本节就来为大家介绍相关技巧。

5.1.1 入驻并注册账号

打造全媒体矩阵,第一步就是要入驻平台,以及注册平台的账号。这一步是发布内容前最重要的步骤,因为不登录平台是不能够发布相关内容的,更别提形成矩阵。不同平台的入驻步骤不同,运营者们需要根据平台规则去操作。

下面以小红书为例,为大家介绍详细的入驻、注册步骤。

步骤01 进入小红书App,点击"其他登录方式"按钮,如图5-1所示。

步骤02 执行操作后,会自动弹出"选择登录方式"对话框,点击 图标,如图5-2所示。

图 5-1 点击"其他登录方式"按钮

图 5-2 点击相应的图标

步骤03 执行操作后,❶输入能够使用的手机号码;❷选中"我已阅读并同意《用户协议》《隐私政策》《儿童/青少年个人信息保护规则》"复选框;❸点击"验证并登录"按钮,如图5-3所示。

步骤04 执行操作后,手机上会收到验证码,在"手机号登录"界面中的输入框中输入验证码,如图5-4所示。如果验证码正确的话,系统就会自动进入小红书App的"首页"界面,完成账号的注册。

图 5-3　点击"验证并登录"按钮　　　　　图 5-4　输入验证码

★ 专 家 提 醒 ★

在小红书 App 中,使用手机号进行登录,可以知道自己之前是否已经注册过该平台的账号了。如果没有注册过,在使用手机号进行登录时就会自动注册。

上面只介绍了入驻小红书App的其中一种方法,即通过手机号码进行登录。除了这种方法,还可以通过微信、QQ和微博进行登录。

5.1.2　多平台发布内容

入驻并注册账号之后,接下来该做的就是发布内容。不同平台的内容表现形式不一样,运营者可以根据平台的重点推荐形式去发布相同的内容。如抖音短视频App的重点推荐是短视频,在该平台中,运营者就更适合将内容以短视频的形式发布;如果是小红书App,就可以使用图文的形式发布。

而且,就算运营者不想使用多余的时间去修改内容形式,也可以在一些小细节上面做出区别,如开头的称呼、语气词等。因为有很多用户会同时登录几个平台,这时候如果发现运营者在不同平台上发布的内容完全一样,就会让用户觉得这个账号的运营者没有用心。

5.1.3　注意内容的质量

运营者在发布内容前，就需要审核一下自己的内容，看是否有需要发布的价值、质量是否过关等，不要想一出是一出，随随便便就发内容出去，这样很难牢固地吸引住粉丝。

除此之外，全媒体平台都有各自的流量推荐机制，内容是否优质也是账号是否获得更多流量的因素之一。而且，流量的多少也直接影响到账号的曝光，以及收益的多少，因此运营者们一定要注意内容的质量，持续、精准地留住粉丝和用户。

★ 专家提醒 ★

内容质量的评价层面主要有3种，具体内容如下所述。
（1）内容质量：视频/图片的画质清晰度、画面流畅度、条理是否清晰明了等。
（2）内容价值性：用户能否从该内容中学到东西。
（3）不可复制性：发布的内容是否独一无二。

5.1.4　持续学习和提高

在保证了内容的质量后，运营者不能就此停步不前。因为随着移动端和网络技术的飞速发展，各平台软件的更新变得越来越频繁，可能新增了一些新的功能，也有可能删减了一些比较过时的功能。

所以，运营者在逐步提高内容质量的同时，还需继续学习，持续地提高自身能力，以及对不同平台的熟悉度，打造全媒体矩阵，以便更好地为用户提供优质内容。

5.1.5　打造IP实现变现

打造全媒体矩阵，其主要的目的是打造IP，形成个人品牌，最终实现变现。所以，运营者想要打造全媒体矩阵，也可以先在某一两个平台中试水，等做出了一定的效果，或者收获了一定量的忠实粉丝后，再入驻其他的平台。

因为这时候差不多已经形成了自己的IP，再通过这些平台账号为其他平台账号进行引流，不仅效果更好，而且运营起来也更轻松了。

5.2　打造高质量团队

任何企业都不能没有运营部门，就好比人不能没有心脏，运营的重要性众所周知。对运营而言，除了产品，运营人员也是运营的一大重点，特别是在进行全媒体矩阵搭建时，更离不开高质量的运营团队。本节为大家介绍相关技巧。

5.2.1 确定运营模式

无论是什么企业，都是根据产品的形态来组建运营团队的，而一个产品什么时候开始运营、怎么运营，实际上是由它自己的形态决定的。因此，这就要求我们在组建运营团队之前明确产品的形态，从而确定运营模式。

对于处于互联网中的众多产品而言，都是跟随着互联网的发展共同成长起来的，而且其种类越来越偏向于精细化、丰富化，但产品的形态大致可以分为5大类，如图5-5所示。

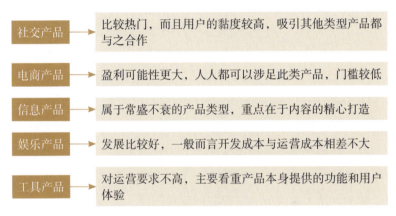

图5-5 产品的5类形态

下面以能够吸引庞大资金的电商产品为例来进行分析。

电商产品，可谓是最近几年非常火爆的产品类型了，随着移动互联网和移动支付方式的不断发展和普及，各大电商产品层出不穷，纷纷迎来了黄金时代。做电商产品的门槛较低，基本上人人都可以做，而且一般来说，前期做电商产品验证运营模式比较简单，耗费成本不大。

那么，电商产品的运营究竟难在哪里呢？主要是把握交易过程的流畅度，而其中的用户遇到的种种问题也说明了运营存在的缺陷，具体内容如下。

（1）用户能否找到目标产品：体现了运营人员与商家和厂家合作时工作能力的高低。

（2）是否能帮用户做出决定：反映了运营人员在商品评论及晒图体系方面建构的能力。

（3）是否能让用户按时收货：体现了运营人员在物流和订单安排方面能力的高低。

此外，电商产品还可以细分为很多种类型，具体内容如图5-6所示。这些不同的电商产品又需要通过不同的运营技巧来经营，同时也要求运营人员具有不一样的运营能力。

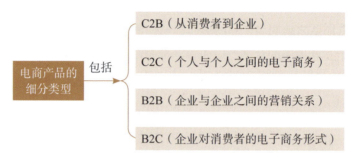

图 5-6　电商产品的细分类型

5.2.2　搭建运营结构

团队的组建是根据企业的情况而定的，有的成熟的团队已经不用考虑这方面的问题，但对一开始涉足运营的企业而言，虽然处于资金不足、资源有限的境遇之中，但还是需要推进运营团队的建设，因为好的产品都是运营出来的。

如果企业的创始人本来就具有良好的运营能力，那么运营的问题自然会迎刃而解，可是如果企业的创始人和团队并没有掌握运营技巧，那又该怎么办呢？我们就应该从了解运营的结构开始做起，一步一步来。

（1）试验阶段

在此阶段，产品还处于未投放的状态，还是胚胎，而且也没有拉到投资。因此，这个时候，企业的创始团队需要做的就是利用自己的力量来对产品进行初步的宣传和推广，之后根据数据检验产品是否受欢迎。宣传和推广的方式比较有限，总结起来有3种，具体内容如下。

① 微博平台进行推广。
② 微信公众号进行推广。
③ 上传至App应用商店。

如果数据结果显示产品的可行性不大，就应该即刻转向其他领域；如果数据结果比较乐观，甚至一度引起用户的火热追捧，那么就可以直接进入下一个阶段的运营了。

> ★ 专家提醒 ★
>
> 值得注意的是，对目标用户进行细分和明确是这一阶段非常重要的工作，如互联网上的用户，从平台的角度对他们进行分类，如微信、QQ、豆瓣、贴吧等；如果不是互联网用户，那么就应该从线下的各种角度来进行突破，如上门咨询、洽谈等。

（2）成长阶段

这一阶段也是团队迅速发展的阶段，有了前面对产品的试验，投资也陆续引进，运营的框架也在逐步搭建，团队发展的趋势主要体现在3个方面，如图5-7所示。

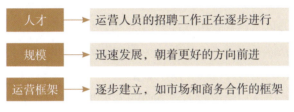

图 5-7　团队发展趋势的主要体现

这个时候团队必须理清思路，清楚自己"运营"的这座大厦具体应该怎么搭建，而不是毫无头绪，一团乱麻。如果连自己都没有搞清楚要怎么搭建及达到什么样的效果，就更别想着招聘过来的人员能够解决这个问题了。既然是领导者和创始团队，就应该对全局有比较自信的把控。

（3）壮大阶段

经历了迅速发展的时期，团队的各方面能力自然得到了很大的提升，业务方面也更加熟练。因此，这个时候就偏向于数据化管理，通过对数据的观察和分析，对自己的运营能力进行省察，同时根据数据不断优化产品。随着经验的累积，运营团队的能力也会不断得到提升，从而养成属于企业独一无二的运营技巧。

其实，在创业的初始阶段，如果产品并不能顺利地推广出去，并很好地被大众接受。那么，团队就应该从多个方面思考自己的问题，不能单单局限于运营这一点，阻碍产品发展的原因有很多，具体内容如下所述。

① 运营：运营能力不强、推广方式不恰当，以及招聘人员不对口等。

② 时机不对：推出产品时遇到实力更强的竞争对手推出类似的产品等。

③ 运营框架：产品没有切合用户需求，发展模式没有命中用户痛点等。

对于运营团队的组建，创始人和创始团队的能力是很重要的，同时在一定程度上对运营团队的结构也有影响。

如果创始人的运营能力不强,那就按部就班,通过一步一步的努力不断提升能力或者借助外部力量;如果创始人本来就具有比较出色的运营思维,那么就可以适当地简化运营团队的结构,更快、更好地对产品进行经营和推广。

5.2.3 学习多项技能

上面已经介绍了运营团队组建前的基础工作,接下来要考虑的就是运营人员的能力问题了。到底运营人员应该具备哪些能力呢?具体说来,应该包括3项基本能力,分析如下。

1. 晓大局

运营是整体的运营,其各组成部分的运营是不可分离的,必须从大局出发,从高处着眼,把整体考虑进去,才能让运营效果更好。内容运营作为运营的重要部分和表现媒介,更是与其他部分联系紧密。

因此,在运营团队招聘内容运营方面的人员时,必须要求其具备大局意识,培养一种大局运营思维,如此才算是真正的合格。从具体的运营工作上来说,就是需要他们在编写文案时,把内容将要面对的用户和要推送的渠道放在思考的前列,真正地把内容运营的价值表现出来。

可见,大局运营思维毕竟属于思维的范畴,就必然有着思考的成分在里面,需要考虑内容以及用户和渠道等众多方面,而不能单纯地针对一个角度去做一些没有很大效果的工作,如图5-8所示。

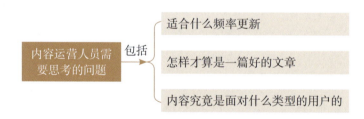

图5-8 具备大局运营思维的内容运营人员要思考的问题

图5-8中的3个问题,看起来与单纯的文案编写这一过程没有太大关系,其实并不是如此,它们是文案编写者在编写前和整个编写中要思考的,甚至也是写好之后需要仔细斟酌的,只有这样,内容运营这一体系才能得以盘活。换句话说,它们是培养和具备全局运营思维的必要条件。

此外,我们这里谈到大局思维,是指还需要运营人员具备全面思考、注重细节和考虑长远等方面的素质。

2. 好文案

说起文案写作能力，也许有些人会认为，这有什么好说的，不就是文笔好吗？答案真的是这样吗？其实，内容运营的文案编写，是指写的文案的质量能满足运营的要求，而且更重要的是，针对不同的运营目的要策划出相应的内容。

对于每一个单点的内容、每一篇文案，都要求具备比较高的质量，这种高质量体现在什么方面呢？主要包括3点，即能打动用户、真正产生价值和真正吸引流量。

可见，文案编写必须与内容运营这一整个过程结合起来，因而好的文案编写能力也就变得不那么简单了——需要根据运营效果来衡量。这就需要我们在编写文案时不能只为写而写，否则即使是再优美、华丽的文案，也只能弃置一旁，即使被采用了，效果也一定不会让人满意。

因此，总的来说，文案的编写不能只看本身的文字能力，而是要看与运营方向的协调能力，就好比在大海上航行不光要看船的质量好不好，关键要看船长是否能掌控船舵的方向。

那么，针对运营创作的文案，它的好究竟要"好"在哪里呢？首先，"好"的核心在于围绕用户展开，具体而言是围绕用户的思维习惯、阅读习惯和鉴赏习惯展开。

不仅如此，文案的内容也需要进行相应的改变，无论是什么风格，接地气还是文艺小清新，重要的是文案需要从用户与价值相结合的角度出发，具体的做法如图5-9所示。

图 5-9 打造文案内容的做法

3. 多技能

无论是大局运营思维，还是好的文案写作能力，对内容运营人员来说，都是必需的。而除了这两种必备的能力，掌握其他一些与内容运营相关的辅助技能同样也是必不可少的。

抛开内容运营的概念不说，在一些人看来，运营人员针对的仅仅是运营。在他们的字典里，运营是完全与其他技能无关的。而作为一个专业的、真正的运营人员，除了运营方面要精、要深，还需要具有广博的知识和技能，内容运营人员也是如此。究其原因，主要是由对自身的要求和内容运营的价值运作原理决定的。

一方面，我们需要获得社会认可，创造自身价值，这是需要掌握相应技能的。从基本的物质生活需求看，要想做好自己的工作和获得更多报酬，更多的辅助技能是一个重要的因素。另一方面，从内容运营的运作原理看，包括两个方面的内容，如图5-10所示。

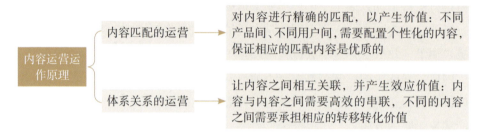

图 5-10　内容运营的运作原理解析

综上所述，我们在进行全媒体运营时，就必须干一行、钻一行，对涉及工作的各种辅助技能都掌握在手，工作起来才能得心应手，如照片后期处理功能、各种软件和平台的功能探索等，都是我们在内容运营中需要的辅助关联技能，而不能仅仅把内容运营定位在"重复搬运信息—对内容进行排版—按时推送"上。

★ 专家提醒 ★

当然，在此提到的辅助关联技能，也并不是统一的。不同的公司、不同的行业，都是有着不同定性的，我们应该在内容运营的过程中一步步去实践、去学习，如此才能将其内化为自己的技能。

5.2.4　认识新媒体运营

新媒体之所以称为"新"，就在于它是与传统媒体相区别的，是一种新的媒体形态。从严格意义上来说，它更应该称为"数字化新媒体"，具体的种类包括以手机为载体的手机媒体、以互联网为平台的网络媒体和主要依赖于电视的数字电视。

更具体地来讲，在新媒体的范畴内，还应该包括自媒体平台，随着互联网和移动互联网的迅速发展，自媒体平台层出不穷，其中比较典型的自媒体平台有6种，具体内容如下。

（1）微信公众平台：推送至手机客户端，比较热门，人气高，且营销效果好。

（2）米聊订阅发布平台：仅限VIP（"重要人物""要员""非常重要的人"）账号订阅发布平台，流量较大，形式以邀请为主。

（3）今日头条媒体平台：发布速度不快，但流量相对较大，适合注册。

（4）搜狐新闻自媒体平台：搜狐旗下的产品，设计风格比较简洁，操作起来也很方便经营和管理，尽力扩大产品的推广和发布范围。

（5）新浪微博粉丝服务平台：信息发送方式以私信为主，最大的优点是达到率较高。

（6）网易新闻媒体开放平台：可以省去更新内容的烦恼，注册过程比较简单，使用便捷。

那么，新媒体账号运营究竟有着怎样的工作职责呢？这一点可从3个方面来进行分析，如图5-11所示。

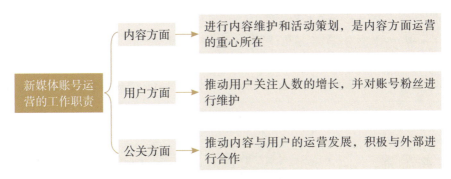

图 5-11　新媒体账号运营的工作职责

5.2.5　做好编辑工作

"编辑"这一概念从传统的出版学角度来说，是指对出版物进行后期制作的一系列工作和承担这些工作的人。而随着互联网和移动互联网的发展，它所涉及的工作范围和人员有了明显扩大，所有与内容（包括各种形式的内容）直接相关和间接相关的工作和工作人员都被视为"编辑"。

全媒体运营：定位策划、矩阵打造、视频种草、直播带货

相对于其他运营岗位，编辑职位是大家比较熟悉的，特别是在招聘网站上，与运营相关的编辑职位还是比较常见的，且在职责上有着明确分配和定位。

运营体系中的编辑岗位职责主要集中在平台的各种内容生产的全流程上，如策划、筛选、审核、推荐、编排、修改、加工、推广等。当然，这里的编辑主要是针对平台内容的产生和推广而言的，而关于平台和平台内容各方面的设计和美化工作，大多都归于编辑范畴内的"美工"这一岗位了。

美工编辑，是一个需要精通一个或多个设计软件的技术性工种，需要对平面、色彩、基调和创意等进行布局。图5-12所示为58同城上的美工编辑职位招聘中提及的职位要求。

按照美工编辑的工作内容来看，它主要包括3种类型，即平面美工、网页美工和三维美工等，具体介绍如图5-13所示。

职位信息

职位描述：

1.负责微信公众平台的图片制作及整体形象设计；

2.根据公司要求，美化修改平台及定期更新平台；

3.负责公司微信微博活动的图片设计与优化；

4.能独立策划完成新媒体（网站、微博、客户端）新闻美工编辑；

5.具有优秀的创意思维，有良好的平面和美工基础，较强的审美观，善于色彩搭配；

6.精通平面设计，熟练运用Photoshop、Dreamweaver、Illustrator、flash等图片和视频处理软件。

图 5-12　招聘网站上的美工编辑岗位职责

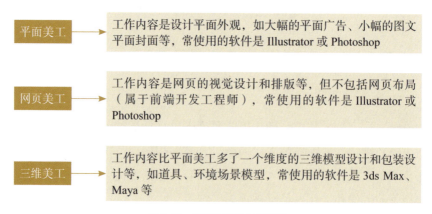

图 5-13　美工编辑的主要类别

除此之外，还有一个与网页美工有着相通之处的网店美工。不同的是，网店美工是网店的网页视觉设计，除了必要的网页设计，它还需要相关岗位人员掌握两个方面的内容或技能，即熟悉产品的特征和用户的需求、熟悉HTML代码等。因而网店美工经常使用的软件也就多了，如Photoshop、Dreamweaver、CoreLRAW、Illustrator等都可能用到。

★ 专家提醒 ★

需要注意的是，有时美工编辑的工作内容还会涉及前面所说的生产和推广平台内容的编辑工作。特别是在一些网站和平台上，当其内容大都以图片来展示时，此时美工编辑可能需要担当起内容编辑的职责。

5.2.6 做好投放工作

广告在生活中无处不在，我们每时每刻接触的信息之中都有广告的影子，如街边上接到的传单、网页上弹出的广告等。那么，广告是如何投放到每个网页上去的呢？广告投放的运营人员又该完成哪些工作呢？广告投放的目的和意义是什么？

关于运营的广告投放岗位，最终的目的和职责要求是以更少的广告投放费用，获取更多的流量和用户。从这一点出发，广告投放岗位需要做好3个方面的工作，且这3个方面的工作在时间上有前后衔接的关系，如图5-14所示。

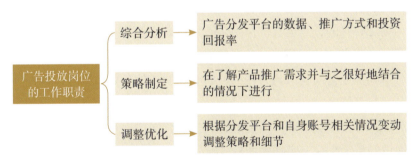

图5-14 广告投放岗位的工作职责介绍

5.2.7 做好商铺管理

在电商平台跨境发展的情况下，其他各个平台都出现了与之相关的各种链接，从而使得运营体系的线上商铺管理显得尤为重要。特别是在电商蓬勃发展的今天，电商平台的运营体系建设在运营工作中的地位也日益突出。

比如，打造女性社区的美柚App与淘宝共同搭建的电商平台"柚子街"，它既有效利用了美柚的用户流量，同时又对淘宝的功能延伸起到了一定的作用。

除了电商平台的店铺管理，还包括其他平台的商铺管理，如微店等。它们或是通过自身的价值吸引了不少用户的青睐，或是得到了有力的运营的帮助，或者二者兼而有之。

其实，说来说去，不管线上商铺管理的范围发生了什么变化，但是该岗位的职责和工作内容却是没有大的改变的，还是围绕着6个模块在运转，具体内容如下。

（1）商品品类管理：主要推荐的是什么商品；重点打造的有哪些爆款。

（2）商品上架与下架：商品什么时候上架和下架；哪些商品上架或下架。

（3）商品包装设计：商品的基础包装；商品图片文案的设计。

（4）商品的具体推广：商品推广方案的制定；商品推广方案的实施。

（5）营销活动申请：促销活动，如"双十一""520"等；专题活动，如聚划算、拍卖等。

（6）商铺在线客服：商品问题解答；商品售后服务。

5.2.8　积极运营群组

这里的群组主要是指由多人组成的线上群组，主要包括QQ群、微信群等。在企业和商家的眼中，群组中的人员是需要细心维护的忠诚粉丝。因此，进行群组运营无疑是必要的，是运营工作团队的重要组成部分。

当然，在现实的运营环境中，运营岗位一般是没有特定的、单一的人员负责的，而是由其他运营岗位人员兼任的，如上面所说的新媒体账号运营人员、广告投放人员都有可能。

一般说来，群组运营除了需要配合其他运营岗位人员的工作，还有一些有别于其他岗位的特定工作，举例如图5-15所示。

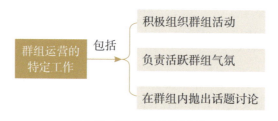

图 5-15　群组运营的特定工作

以微信群为例，为了吸引用户并留住用户，运营人员需要一直关注群内动态并主动组织活动。此外，运营人员还通过发布"早安""晚安"的方式努力活跃群组内的气氛。这样是为了增强用户的黏性，让他们感受到人性的关怀，从而让他们继续留在社群中为活跃度奉献出一己之力。

实际上，群组运营的重点就在于时刻关注粉丝的动态，特别是那些黏性比较强的粉丝。运营人员在努力活跃群组气氛的同时，可以通过发送优惠券、送出限量名额、赠送小福利等方式来达成目标，从而维系好社群的整体状态，尽可能地减少用户的流失，吸引用户加入群组。

5.3 构建私域流量池

想要实现全媒体矩阵搭建，离不开忠实、黏性高的粉丝用户的支持，而留存这些用户最好的方法就是构建私域流量池。

当流量主和粉丝成为有关系的好友后，可以通过各种社交互动方式，不断让彼此的关系更深入，让信息的流动性更强，让粉丝对你产生信任和购买。

只要粉丝的用户体验足够好，他们就会主动帮你去传播，从而实现以老带新的裂变吸粉效果。本节将以微信平台为例，为大家介绍构建私域流量池的相关技巧。

5.3.1 构建数据池

《连线》（*Wired*）杂志创始主编凯文·凯利（Kevin Kelly）提出了"一千个铁杆粉丝理论"，他认为："任何创作艺术作品的人，只需拥有1000名铁杆粉丝，也就是无论你创造出什么作品，他/她都愿意付费购买的粉丝，便能糊口。"

其实，这句话和微信公众号的Slogan——"再小的个体，也有自己的品牌"道理是一样的。也就是说，其实我们不用像明星那样光芒耀眼，只需得到很少的铁杆粉丝的支持，就能够很好生存下去。

如今，打造个人品牌已经不再是那些大明星、名人和企业家的福利，每个人都可以通过互联网用自己的"绝活"来吸引观众，通过给大家分享有价值的内容，来实现粉丝经济变现。

私域流量的出现，打破了传统的商业逻辑，产品买卖不再是一次性的交易。

商家可以通过各种私域流量平台来吸引粉丝，并且聚集和沉淀产品的目标消费人群，同时将这些用户转化为自己的铁杆粉丝，构建数据池。

另外，随着信任关系的不断增强，我们还可以用存量来带动增量，并且将流量转化为"留量"。"留量"指的是私域流量池中留下的有深度互动的客户资源，如果粉丝人群是流量的表现，那么铁杆粉丝就是"留量"的代表。

1. 主动引流

在粉丝经济时代，粉丝即人气、市场、价值，是私域流量运营中重中之重的核心关键。要想快速获得粉丝，我们需要主动引流，掌握一些传统的微信加好友方式。

（1）通过个人信息添加好友

如果你知道对方的个人信息，如手机号、QQ号或者微信号等，则可以直接在微信的"添加朋友"搜索框中输入这些账号，然后点击"添加到通讯录"按钮，即可申请添加对方为好友。

需要注意的是，在进行接下来的"验证申请"操作时，用户最好输入一个合适的添加理由，避免被对方拒绝。如果双方已经见面，还可以通过扫一扫二维码名片的方式来添加好友，这样更加快捷。运营者可以把QQ号或手机号设成微信号，这样更利于沟通和添加。

当运营者在某个场合同时认识很多人时，如果逐个去扫二维码或者搜索账号添加好友，那么加人就需要耗费很多的时间。因此，运营者要学会使用更加便捷的方式来提高添加的效率。

微信有一个便捷的工具，那就是"雷达加朋友"。这个方法能够同时添加多人，因此对于运营者在进行多人聚会等活动时加好友很有帮助。进入"添加朋友"界面，然后选择"雷达加朋友"选项，即可进入相关界面。

运营者在使用"雷达加朋友"添加朋友时，需要大家同时开启"雷达加朋友"，然后就可以依次添加搜索到的人，雷达可以反复开启，直到所有人都添加完为止。

★ 专家提醒 ★

目前，微信已经成为网络上最重要的联系方式之一，有很多用户在各种网络平台上留下了自己的微信号码，而留下这些人可能会有不同的需求，同时他们希望自己的微信号被其他人添加。因此，运营者可以在网络上寻找这种与产品相关的微信号码，主动出击，添加他们为好友。

（2）通过微信功能添加好友

另外，如果你不知道对方的个人信息，那么还可以通过微信的一些基本功能来添加陌生好友，比较常用的有"摇一摇""附近的人"等方式。

"摇一摇"是微信里一个很有趣的交友功能，它是宅男、宅女进行网上聊天和交友的利器，运营者可以通过"摇一摇"来利用这部分人的好奇心与交友欲，将产品宣传出去。

进入微信的"发现"界面，选择"摇一摇"选项，进入"摇一摇"界面后，选定"人"选项，摇一摇手机即可搜索到此时一起玩"摇一摇"的用户，然后与系统匹配的用户交流就可以了。

"附近"是指搜索附近的人，系统除了显示附近用户的姓名等基本信息，还会显示用户签名档的内容，运营者也可以用这个来进行引流、吸粉。

进入微信的"发现"界面，选择"附近"选项，切换至"附近的人"选项卡，确定和设置运营者的地理位置。确定获取地理位置后，"附近的人"就会自动搜索距离较近的人，运营者就可以和他们打招呼了。

> ★ 专家提醒 ★
>
> 如果运营者的目标用户是女性群体，就可以选择"只看女生"选项；如果面向的是男性群体，则可以选择"只看男生"选项；不限制搜索群体则可以选择"查看全部"选项。
>
> "附近打招呼的人"是已给你发了微信信息的人，如果不想查看"附近的人"，也不想被别人查找到，选择"清除位置信息并退出"选项即可。

2. 鱼塘理论

当然，上面这些传统的加人方法有一个非常明显的弊端，那就是效率非常低，而且加来的用户也不一定是我们需要的，因此流量的精准性并不强。因此，我们可以利用"鱼塘理论"来找到精准用户群，这样不仅效率高，而且流量非常精准。"鱼塘理论"认为，精准用户就像是一条条游动的鱼，他们聚集的地方就像是鱼塘。

那么，如何才能找到这个"鱼塘"呢？微信中千千万万的微信群其实就是一个个"鱼塘"，我们可以主动去搜索这些微信群或QQ群，然后根据自己的市场定位有针对性地加人吸粉。下面介绍一些有效的"鱼塘"加人渠道。

（1）通过微信搜索找群

运营者可以通过微信的搜索功能来找群，进群后可以逐个添加群友，将其转化为自己的私域流量。比如，你的目标人群是摄影爱好者，即可在微信搜索框中输入"摄影群聊"或者"摄影群加入"等关键词,即可出现相关的文章结果,文章中通常会有群主的微信号或者二维码,运营者可以加他们拉你入群,如图5-16所示。

图 5-16　通过微信搜索找群

★ 专家提醒 ★

在搜索结果的文章中会显示具体的发布日期,运营者尽量选择近期的文章去看,日期太久的文章可能其中的内容已经过期了。

在微信找群不像QQ那么方便,可以通过关键词直接搜索到群聊,而是需要群内的成员拉我们进去。如果群主设置了"加群方式"和"邀请方式",则只能通过找群主来拉我们进入。

(2)通过公众号找群

另外,运营者也可以通过"微群客户群人脉圈"公众号来找群。关注该公众号后,切换至"服务"选项卡,即可选择查看"微信群"或者"行业群"。比如,点击"行业群"按钮,即可打开相关界面,在此可以看到各种热门群、同城群、行业群等,选择合适的加入即可。

3. 添加群友

当我们找到并进入大量的精准微信群后,就可以添加群里面的成员为自己的好友,打造自己的私域流量池了。当然,在添加群内成员时,还需要掌握一些技巧,来提高通过率,具体内容如下所述。

(1)挑选目标群,如门槛较高的群、付费群等,这些群中的用户信任度更强。

（2）设置好自己的群昵称，在群内主动介绍自己。

（3）了解群规，观察其他人的发言内容，搞好关系。

（4）进群后要多发有价值的内容，提高自己的好感度。

在群内发布内容，运营者还要注意两个方面的内容，具体内容如下所述。

（1）内容要精简：群发的内容要尽量精简，不要啰唆地说一堆废话还没说到重点，这样会让群友们难以抓到重点，造成不好的印象。

（2）措辞要合适：在措辞方面，不要太过生硬，也不要没有礼貌，可以和蔼亲切，表达出自己对群友的尊重友善。

★ 专家提醒 ★

运营者在群发信息的过程中，除了内容要精简、措辞要合适，还要注意群发的人称，要以第一人称群发。如果是在群里群发，就用"大家"之类的词语，如果是群发到每个人的微信号上，就不要用"大家"之类的词语，而要用"你"这类词语，这样就会让人感到你只是在和他一个人说话，会显得更加重视对方。

4. 维护关系

当我们添加了群内的好友后，切不可置之不理，一定要多与他们进行互动交流，下面介绍一些相关技巧，如图5-17所示。

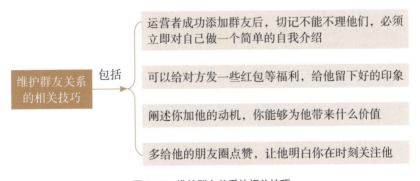

图5-17 维护群友关系的相关技巧

运营者一定要注意不要急功近利，可以把这种方式运用到收获一批精准粉丝上，而不要把这种方式运用到赚钱上。尤其是刚添加的好友，因为这个时候群友对运营者没有一个深度的解读和认同感，如果让他们觉得你哪里不好，就会马上对运营者"由粉转黑"。

所以，运营者不要把焦点聚集在赚多少钱上，而是应该把焦点放在能够为群友们提供哪些会让他们满意的价值点上。只有你能够为他们带来价值，才能获得群友的认同,才能收获到一批又一批忠诚的粉丝,这对运营者未来的发展有很大的帮助。

5.3.2 进行流量裂变

有经验的运营者都知道,拥有了一定的粉丝和人脉之后,要成功地推出产品并不难。但是,要如何将粉丝们有效地结合在一起,提高产品销量呢?

运营者可以创建一个微信粉丝交流群,交流群可以按照产品种类、客户兴趣、客户销量等情况进行分类,或者将所有的客户联系起来只建一个微信群。微信群可以作为运营者联系新老客户、粉丝的一个入口。运营者可以通过微信群将新产品、今日活动、优惠福利等优先通知到每一个客户。这样可以增加客户和提高粉丝黏性。

当然,运营者也要意识到,老客户是非常重要的资产,除了主动引流构建数据池,运营者也可以利用现有的老客户流量来快速裂变吸粉,实现流量增值。老客户不仅对品牌和产品有一定的认知度和认可度,还有一定的忠诚度。

在竞争日益激烈的当今市场,一个老客户抵得过十个新客户,深挖一个老客户比开发一个新客户所需要的成本要低得多,很多品牌不得不依靠老客户来增加竞争力,所以运营者不能让这部分客户流失,而是要想办法让其增值。

其次,运营者可以利用已经成为粉丝的老客户来推广自己或自己的产品。因为每个人的微信里都有一部分好友,且微信的私密性使得微信好友之间的信任度比较高,这就可以形成一个辐射状的流量裂变形式,让这些老客户把你推荐给有需求的好友,然后快速地扩大你的私域流量受众。

1. 互动场景

如今,微信中应用的技术已经越来越多,从而增加了场景的可玩性,这也是吸引用户参与互动和分享的动力所在。

因此,运营者可以通过构建互动场景,来增强社群粉丝的用户体验。用户体验就是用户在体验场景的过程中,逐步建立起来的一种感受。若用户体验是良性的,就会促进用户对该场景的认可,良好的用户体验可以提高好评率;若用户体验是恶性的,就会导致用户离开这个场景。

无论是在设计互动场景时,还是在场景正式运作时,考虑用户体验都是一件十分重要的事情。通过用户的口碑式传播所获得的宣传引流效果,远比进行商业广告运作要更加有效,成本也更加低廉。具体说来,为促进用户的互动场景体验，运营者可从3个方面着手，具体内容如下。

（1）打造痛点、痒点和尖叫点：好的互动场景体验可以让用户产生消费动机，更愿意在你的场景中买单，从而提升转化率。因此，运营者需要在场景中给用户舒适和贴心的体验，在解决用户痛点的基础上，带来更多的痒点和尖叫点，提升场景的核心竞争力。

（2）增加关联场景：围绕用户的核心需求增加关联场景，如足球社群，都是足球爱好者，只有与足球相关的话题才能引导用户进行交流，让场景具备延续性。如果突然发布关于篮球的话题，虽然都是竞技性很强的体育项目，但跳跃性太强，对于场景与用户的关系增强得不到太多帮助。

（3）用户主导场景：在用户至上的时代，在增加场景之前，要以用户为主导来决定是否需要增加，让用户有场景主人翁的角色感。要让用户主动找你来增加场景，而不是先增加场景再去找用户，否则就很难激起用户的认同，无法在心理上引起他们的共鸣。

比如，某个脑洞、互动类游戏，是一个答题闯关游戏，具有一定的挑战性和互动性，当用户通关后，该场景还会引导用户登录相关账号进行抽奖。

如果用户想不出答案，也可以使用提示，但是提示是有限制次数的，用完后可以通过分享互动场景来获得提示次数，促进用户分享。

2. 活动推广

利用微信平台和用户互动是私域流量运营策略的一种，它具有很大的灵活性，运营者可以通过微信多发起一些有趣的活动，以此来调动用户参与活动的积极性，从而拉近彼此的距离。

活动策划一直是一件很重要的事，因为如果运营者经常推送同类或相似的消息，很容易让用户产生审美疲劳，而只有新奇、有趣、适应潮流的活动才能让社群用户保持长久的活跃度。因此，运营者可以将日常消息和一系列有趣的活动交替推送，这样既能维持用户的新鲜感，又能增加平台的趣味性。下面介绍一些运营私域流量时常用的活动形式。

（1）微信签到：这种活动形式适合线上和线下各种场景，既可以让用户持续关注到你的微信公众号，扩大影响力，又能对产品起到宣传的作用。在用户签到的同时，可以累积积分，用来兑换相关的礼品或优惠券，以此调动用户的积极性。

（2）微信抽奖活动：运营者可以开发一些抽奖活动，自定义抽奖概率及奖品，也可以将产品周边物品作为奖品，让用户积极参与活动。这样既能调动用户的情绪、聚焦人气，又能拉近用户与企业品牌之间的距离。

（3）转发朋友圈：在活动结尾处，运营者可以设置一些抽奖或者其他福利，来吸引用户转发至自己的朋友圈，再由用户的朋友持续传递下去，实现裂变式传播。比如，转发推文至朋友圈、活动现场免费抽取手机等，来吸引用户分享转发。

（4）线上线下整合：另外，实体店运营者也可以通过让用户扫描二维码，关注店铺在微信平台上发布的活动消息，如果他们对活动的奖品产生兴趣，就可以到线下实体店去参与活动，然后领取奖品。当然，关注即送小礼品、转发有奖等活动也会很受用户的青睐。

★ 专家提醒 ★

衡量微信活动效果的方式有很多种，具体内容如下所述。
（1）可以根据移动端的流量来衡量。
（2）可以根据粉丝的增长数量来衡量。
（3）还可以根据销售额的增长倍数进行衡量等。
目前，业内常用的手段是通过点击量和销售额来衡量。

3. 裂变红包

运营者可以通过H5的形式，策划出高质量、娱乐化的裂变红包吸粉活动，以利益为诱导，让用户在"玩"的同时，不知不觉主动帮你传播、推广和分享。

为了更好地促进用户分享和推广营销活动，运营者可以在H5页面中添加裂变红包插件，这样用户每次在活动中抽一次红包的同时，还可以收获相应的裂变红包。裂变红包对营销活动有很好的推动作用，能够激发用户的分享欲望，极大地提升活动的分享率，使其传播范围更大。

★ 专家提醒 ★

运营者要记得，开展红包引流共有两个关键点，第一就是对加群的人宣传达到多少人数时开始发红包，这样他们就会去拉好友增加群人数；第二是宣传添加好友或者转发朋友圈截图有定向红包，这样能增加好友数，并使群信息得到更大的曝光率。

在操作过程中记得不要冷场，有新人加入就提醒他看看群公告，或者直接把公告发到群里，如果有人等不到约定人数就开始退群，那么可以在人数达到三四十人时就陆续发些小红包活跃气氛。

5.3.3 打造私域流量

如今,全媒体平台上,要捕到流量这条"大鱼"的成本已经越来越高。因此,建议大家最好"自建鱼塘来养鱼"(打造私域流量)。这样不仅可以降低"捕鱼"成本(不用做付费引流),同时也更容易捕到鱼(流量更精准)。

1. 从公域流量里面捞流量

公域流量池是广大运营引流的首选渠道,可以进入这些平台,将其中的用户转化为自己的私域流量。比如,运营者可以去百度、淘宝、快手等平台上捞流量。

淘宝商家可以把流量引导到自己的微信上,如在店铺首页放入微信号。还有一种方法,就是占据某个长尾关键词品类搜索结果的首屏,提高产品或店铺被用户搜索到的概率。

在快手平台上,经常可以看到有人将自己的微信号或者QQ号放在个人简介中引流,如图5-18所示。注意,千万不要直接写上"微信"的字眼,很容易被系统屏蔽。运营者可以使用微信的拼音、谐音或者图标符号等,来代替一些敏感字词。另外,使用快手引流时,还要掌握一些话语技巧,主要方法为突出关键词、抓用户痛点、简洁化。

图 5-18 在个人快手号简介中放微信号引流

另外,58同城也是一个不错的公域引流渠道。58同城流量最大的好处,就是能搜索的人群大部分都是精准客户,因为进入58同城的人都是有明确需求的意向客户,所以这一点就是别的网站不能比的。

在58同城上搜索的人群,差不多都是精准客户,因此他们对于所寻找的东西是有备而来的,他们希望看到更多产品的信息和资料。所以,运营者一定要在物品详细栏"下功夫"。

这和做淘宝一样,当访客进入店铺后,最吸引其眼球的就是店铺的页面,因此淘宝高人气卖家的店铺美工做得都很好。同样的道理,当用户进入你的详情描述页面的时候,运营者的58同城页面也要吸引住用户的眼球,可以采用以下两种方法。

(1)图片要多,要精湛。

(2)文案要给力。

2.从别人的私域池捞流量

有时候,我们不妨换个角度,站在巨人的肩膀上,也许可以看得更高、更远。引流也是如此,运营者可以从那些"大V"的私域流量池中捞流量。既然是私域流量,想必是非常私密的,普通人很难看到他们的粉丝都有谁。

(1)直接购买私域流量账号。

直接购买这些"大V"的账号,也是一条比较快的捷径,这样他们的流量就变成自己的了。

比如,在鱼爪新媒平台上,就可以收购微信公众号,如图5-19所示。在不同的账号模块下,还提供了转让的价格参考。

图 5-19 鱼爪新媒平台

运营者可以设置公众号类型(订阅号、服务号)、公众号类目、粉丝数量等筛选条件,选择符合自己定位的公众号来购买,实现私域流量的转化,如图5-20所示。

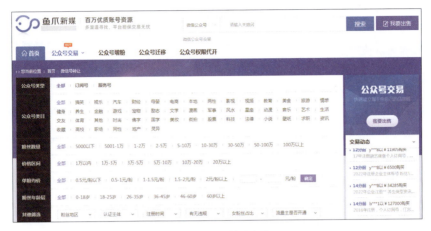

图 5-20　设置筛选条件

比如，从事街拍领域的运营者可以在"公众号类目"一栏中选择"街拍"类目，即可看到很多相关行业出售的公众号信息，选择一个账号进入其详情页面，可以看到出售价格、粉丝数量、粉丝单价、头条阅读量、男女比例、流量主收益等信息。

运营者可以先自己权衡一下，目前自己的粉丝流量成本是多少，购买这些私域流量账号来引流是否划得来。如果这种方法的引流成本更低，就可以考虑购买。

★ 专家提醒 ★

如今，互联网上关于账号转让的信息非常多。在这些信息中，有意向的账号接收者一定要慎重对待，不能轻信，且一定要到比较正规的网站上操作，否则很容易受骗上当。

（2）间接转化他人的私域流量。

这种方式主要是通过"混群"或者去其他人的平台主页，通过主动加人，或者评论引导他的粉丝来加你等方式，实现间接转化他人的私域流量。

运营者可以多关注同行业或同领域的相关账号，评论他们的热门作品，并在评论中打广告，给自己的账号或者产品引流。比如，卖女性产品的用户可以多关注一些护肤、美容等相关账号，因为关注这些账号的粉丝大多是女性群体。用户可以到"大咖"或者同行发布内容的评论区进行评论，评论的内容就是直接复制粘贴的引流话语。评论热门作品引流主要有两种方法。

① 直接评论热门作品：特点是流量大、竞争力强。

② 评论同行的作品：特点是流量小，但是粉丝精准。

比如，做美妆产品的用户，可以在抖音等平台搜索美妆类的关键词，即可找到很多同行的热门作品。用户可以将这两种方法结合在一起，同时注意评论的频率。还有评论的内容不可以千篇一律，不能带有敏感词。

评论热门作品引流法有两个小诀窍，具体方法如下所述。

① 用小号到当前热门作品中去评论，评论内容可以写：想看更多精彩视频请点击→→@你的大号。另外，小号的头像和个人简介等资料，都是用户能第一眼看到的东西，因此要尽量给人很专业的感觉。

② 直接用大号去热门作品中回复：想看更多好玩的视频请点我。注意，大号不要频繁进行这种操作，建议一小时内评论2~3次即可，太频繁地评论可能会被系统禁言。这么做的目的是直接引流，把别人热门作品里的用户引入到你的作品里。

（3）相互推广合作，资源互换引流。

另外，运营者还可以通过与其他运营者合作，进行微信号互推引流，也就是建立微信号营销矩阵，强强联手实现共赢。微信号之间互推是一种快速涨粉的方法，它能够帮助运营者在短时间内获得大量的粉丝，效果十分可观。

在微信朋友圈中互推引流，可以直接提供二维码图片，比提供微信号码更方便，只需"扫一扫"，即可让有意向的用户或粉丝添加为好友。

相信大家在很多的微信群中都曾见到过某一个微信号会将产品信息给一个或者几个微信号进行推广的情况，这种推广就算得上是微信号互推。他们可能是互相认识的朋友，甚至会约定好有偿或者无偿给对方进行微信号推广。当然，运营者最好找一些大咖来帮你推广，他们的凝聚力和影响力都较强。

★ 专家提醒 ★

运营者在采用微信号互推吸粉引流的时候，需要注意的一点是，尽量不要找同类目的微信互推，因为这样彼此之间会存在一定的竞争关系。因此，两个互推的微信号之间存在互补性最好。

举个例子，你是做护肤产品的，那么在选择互推的微信号时，就应该先考虑找那些做补水仪等仪器类的微信号，通过这种资源互换的方式获得的粉丝会更有价值。

3.在自己的私域进行裂变

如果前面两条路都走不通，那么运营者还可以在自己已有的私域流量中努力，想办法让粉丝去分享自己，将自己的微信名片推荐给别人。

当然，想要激起粉丝主动去转发和分享，就必须有能够激发他们分享传播的动力。这些动力来源于很多方面，可以是活动优惠、集赞送礼等，也可以是非常优秀的能够打动用户的内容。不管怎么样，只有能够给用户提供价值的内容，才会引起用户的注意和关注。

在自己的私域进行裂变吸粉时，其奖励机制的设置包括两种情况，一种是老用户分享了并有截图证明就有奖；另一种是以老用户分享之后转化过来的人作为判断奖励的依据。

本章小结

本章主要向读者介绍了全媒体矩阵搭建的相关知识，帮助读者了解全媒体矩阵搭建的打造技巧、团队组建技巧和构建私域流量池技巧等内容。通过对本章的学习，希望读者能够对全媒体矩阵搭建的基本知识有很好的掌握。

课后习题

鉴于本章知识的重要性，为了帮助读者更好地掌握所学知识，本节将通过课后习题，帮助读者进行简单的知识回顾和补充。

1. 打造全媒体矩阵的技巧有哪些？
2. 如果运营者想要构建数据池，有哪些操作技巧？

第 6 章
全媒体的运营建设

本章要点：

进行全媒体矩阵运营，除了内容的质量，运营者还需要借助一些外部力量进行宣传，如运用工具、运营活动等，以此来有效地推广内容和产品，通过线上、线下一齐发力，助力运营者更好地运营建设全媒体矩阵。

6.1 运营全媒体矩阵

矩阵运营主要是将多个媒体平台组合在一起，打造IP品牌，进而营销推广。本节就来为大家介绍如何去运营全媒体矩阵。

6.1.1 丰富的内容

想要进行全媒体矩阵运营，最重要的就是内容。在当今内容为王的时代，任何平台上面受欢迎的内容或多或少都能给用户提供一定的价值，能给用户带来一定的效果，内容的丰富程度和内容的质量都很重要。

因为运营者的内容需要在全平台发布，内容的质量会受到用户的审判和评价，只有优质的内容才会受到用户的持续欢迎。

除了内容的质量，运营者还需要注意内容的丰富程度。比如，摄影类的运营者，在发布内容时，就不能一直只讲调色的相关内容，还可以发布构图、光影、运镜等内容，从摄影相关的各个方面去丰富账号的内容。

图6-1所示为微信公众号"手机摄影构图大全"发布的摄影相关内容，涵盖调色、运镜、构图、光影和色彩等各个方面，内容十分丰富。

图6-1 微信公众号"手机摄影构图大全"发布的摄影相关内容

除此之外，该公众号还发布了更加详细的摄影内容，如风光、花卉、黄昏、建筑等的拍摄技巧，内容极为细致、详尽，让关注了该公众号的用户可以真正学到有用的摄影知识点，如图6-2所示。

图6-2　公众号"手机摄影构图大全"发布的相关内容

6.1.2　真实的信息

运营全媒体矩阵，运营者发布的信息需要是真实、可信的，特别是一些权威性较强的账号，内容信息千万不能捕风捉影，在未经证实前就大肆宣扬，引起大规模的舆论。因为如若事情发生反转，则该账号就会丧失原有的公信力，进而掉粉。

6.1.3　有趣的故事

内容有趣也是引起用户关注的重要原因之一，在结束了繁忙的学业和工作之后，人们急需放松，有趣的故事内容则能很好地为其解闷，缓解心情。而且，有趣、搞笑类的内容在大部分平台上也非常受欢迎，更有利于运营全媒体矩阵。

6.1.4 持续的输出

把握了内容的质量后,运营者还需要注意一个点,那就是要进行持续的输出,保持账号的活跃性,让关注了你账号的用户能定时看到内容。

否则,按照现在平台的大数据算法,用户在很长一段时间内看不到你的更新,就会被官方推荐的类似账号吸引视线。这时,就算你更新了内容,也极大可能挽不回粉丝的心了。因为你的下一次更新,又不知道要等多久。

6.2 运用合适的工具

如今,随着全媒体的不断发展,越来越多的人从事该行业,可见其发展前景不可估量。而在全媒体领域,它又是以各种工具为载体的,因此在进行全媒体矩阵运营时,也离不开工具的运用。本节主要从工具运用出发对全媒体运营做进一步讲解。

6.2.1 话题寻找工具

对运营者来说,内容应该是让其最头疼的事。因为要想每天都有质量高、流量大的内容,确实挺难的,而其中一类比较受用户欢迎的就是包含热点话题的内容。

要寻找热点话题,就要了解当前的热点资讯。其中,各大新闻门户网站是寻找热点选题的首选,如今日头条、新浪微博等平台。比如,运营者想要了解某次比赛的一个动态,就可以进入新浪微博来查看相关新闻,如图6-3所示。

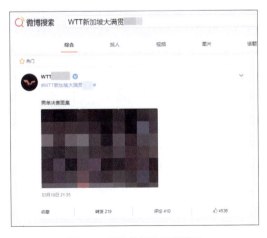

图6-3 新浪微博的搜索界面

另外，如果运营者要想查找其他平台的干货热点内容，可以使用搜狗搜索。打开搜狗搜索页面可以发现，现在加入了一些新元素，如"微信"和"知乎"。图6-4所示为搜狗搜索的页面。

图6-4　搜狗搜索的页面

由图6-4可见，运营者在利用搜狗搜索时，可以进行"微信搜索"和"知乎搜索"了。只要单击页面中的"微信"或"知乎"，就能够打开相应的链接，找到你想要的热点话题及干货材料。

6.2.2　文案策划工具

对运营人员而言，一篇策划得好的营销文案能起到的作用是巨大的。在此就为大家介绍文案策划过程中需要用到的一些工具和网站。

1. 第一范文网

第一范文网是一家专门提供范文参考的网站，它以提供各种实用性资料为主，受到广大师生及其他各领域从业者的喜爱。

2. 爱墨

爱墨是一款公认的最好用的文案采集软件之一。运营者在利用爱墨进行文案采集时，只要将剪切板上的内容复制到爱墨的文本编辑框中，然后保存就可以了。

使用爱墨还有一个好处就是，在利用爱墨复制文本时，可以直接保存为文档的形式，并且同步到印象笔记。

3. Office

Office软件是一个最基本的、常用的办公软件，它主要包括Word、Excel、PowerPoint等。

对一名文案策划、运营者来说，熟练掌握Office软件是这个职业必备的要求，也是所有的职场办公人员需要掌握的基本技能。

4. PopClip

PopClip是一个强大的文本扩展工具，该软件的基本操作方法是：将所有文本操作归结到一个弹出框中，运营者选择相应的文本时，可以在弹出框内进行复制、剪切、粘贴、搜索、校正、进入超链接、写邮件和查看辞典等操作。

5. Paste

Paste是一个方便人们进行复制、粘贴的工具，它的主要特点是可以进行重复粘贴，以节省时间。

运行Paste之后，运营者只要使用【Ctrl+C】组合键，对文章的多处内容进行复制，然后将光标放到需要粘贴的地方，按【Ctrl+V】组合键，即可对复制的内容进行循环的粘贴操作，提高编辑文档的效率。

6.2.3 活动策划工具

众所周知，对全媒体的发展而言，平台与粉丝之间的互动是非常重要的。然而，平台在线上进行的一系列活动，是加强粉丝互动的重要方式之一。因此，做好线上的活动策划，对全媒体工作人员来说，是必不可少的工作内容之一。下面介绍几种常见的进行活动策划时会用到的工具。

1. LiveApp

LiveApp是一个移动App的场景应用平台，它汇集了众多可以展示手机App场景应用模板的网站，这不仅为人们提供了一个可以展示自己作品的平台，也为企业购买适合的场景提供了方便。

运营者在官网完成注册之后，可以获得一个免费的LiveApp模板。拥有这个模板之后，可以根据自身的具体情况来设计模板，运用这种模板内容，可以上传自己需要的商品信息。

2. Vxplo

Vxplo是一个在线交互媒体设计平台，其主要特点是交互效果好、显示速度快、制作流程方便，融入了众多的媒体元素。用户可以在线完成交互媒体设计，不需要写任何代码。而且，在完成设计之后，运营者可以快速将其分享到互联网上的任何网站。

Vxplo的在线交互设计主要体现在对视频、音频、图片、文字等的集合上。其实，对Vxplo来说，这些东西都是具有交互性的，用户通过Vxplo可以加入各种事件，实现了网页可以感受用户行为的可能。正是因为Vxplo作品具有的多种交互方式,才能使用户与网页之间实现了直接互动。

3. 易企秀

易企秀,作为一款针对移动互联网营销的手机工具,它主打的是手机网页的DIY制作。从个人角度来说,只要在易企秀App上完成注册,就可以在这个App上制作相册、贺卡、恋爱笔记、美食记忆、旅行记忆、精美简历、生日祝福等。

然而,企业还可以在易企秀App上制作邀请函、招聘海报、促销海报、名片设计和活动推广设计等。

通过易企秀,运营者可以直接进行手机网页的编辑,以及制作精美的手机幻灯片,并且不需要去学习那些复杂的编程技术就可以轻松搞定。此外,还可以将自己编辑的网页和制作的手机幻灯片分享到社交网络,易企秀也可以通过报名表单来收集潜在的客户或其他反馈信息。

6.2.4 内容编辑工具

作为一名全媒体的编辑人员,在寻找到热点选题之后,就要对自己想要编辑的具体内容进行考虑了。本节主要以135编辑器和快站微信编辑器为例,对全媒体的内容编辑方法进行简单介绍。

1. 135编辑器

135编辑器是一个为微信文章进行美化的工具。它不仅操作简单,而且样式多样、模板精美。微信用户利用135编辑器进行图文排版之后,会产生优质的效果,并且也能够让用户赏心悦目。

图6-5所示为135编辑器的页面。135编辑器功能齐全,运营者可根据需要进行相关图文操作与编辑。

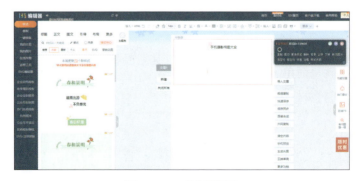

图 6-5　135 编辑器界面

2. 快站微信编辑器

快站微信编辑器主要为用户提供的是多图文编辑、一键同步功能。它拥有搜狐快站庞大的站点用户群，页面也是很清新简洁的。同时，它为用户提供了多图文编辑、一键同步的特色功能。运营者只要回复"笑话""听歌""天气"等就可以弹出相应的对话框，实现用户的需求。

在利用快站微信编辑器进行多图文编辑时，运营者首先应该在图片素材库中对那些需要编辑的图片进行上传。图片上传完之后，就可以对图文进行编辑。此外，还要填写好标题和摘要，并且上传封面图。最后，单击"保存并同步"按钮，即可将多条图文信息同步到微信公众号后台了。

6.2.5 图片处理工具

运营者在编辑完主要内容之后，就该对图文设计进行考虑了。本节主要以截图工具、美图秀秀和Photoshop为例，向大家介绍一些图文处理的方法。

1. 截图工具

一般来说，大家普遍都是利用QQ来进行截图的。其实，在Windows的"附件"中就自带"截图工具"。运营者只需在"截图工具"界面单击"新建"按钮，然后拖动鼠标选取要捕获的区域即可截取图片画面。

★ 专家提醒 ★

此外，还可以利用各种快捷键来进行截屏，如利用【PrtSc】键可以截取整个电脑屏幕，按【Alt+PrtSc】组合键可以截取当前的活动程序窗口。Windows自带的这些截图方式，会为用户在电脑中进行操作时提供很大的方便。

因此，每一个运营者都应该掌握好Windows自带的截图工具，以及熟悉这些快捷键的使用。

2. 美图秀秀

美图秀秀是大众普遍使用的一种P图工具，尤其在年轻群体中非常受欢迎。它最大的特点就是简单、易上手，操作方式非常灵活、方便，而且还为运营者提供了很多有用的素材。

虽然美图秀秀是一种简单的P图小工具，但是它的用途却很广泛，它所具有的功能对那些非专业的运营者来说是非常有用的，受到很多人的赞赏与青睐，对那些爱自拍的女性来说，更是一款手机的必备软件。

美图秀秀的常用功能主要包括裁剪旋转、去水印、图片拼接、压缩图片大小和新建画布做海报等。运营者可以利用这些功能对自己所拍的图片进行加工处理，以达到自己想要的效果。

3. Photoshop

Photoshop是一款专业的图片编辑工具，主要用于对那些由像素构成的数字图像进行处理，并且在这方面具有非常强大的功能，涉及图像、图形、文字和视频等方面。

在Photoshop的工作界面中，单击"图像"｜"调整"菜单，即可弹出下拉菜单，其中有很多修图功能，包括亮度/对比度、色阶、曲线、曝光度、饱和度、色彩白平衡、照片滤镜、阴影/高光、色调均化等，运营者可以通过这些功能完成对图片的编辑与精修。

如今，除了Photoshop，虽然有很多修图软件，但当所需要的图片在清晰度和制作等方面的要求较高时，就应该多学习使用Photoshop工具了。

6.2.6 视频音频工具

为了进一步美化并丰富全媒体推送的内容，运营者也可以在内容中加入视频或音频。这不仅是对内容推送的一种创新，也更加符合用户的观看习惯，是满足用户诉求的一种表现。而编辑视频、音频内容需要借助一定的工具才能完成，因此运营者也需要了解和学习一些基本的视频、音频软件。

1. 屏幕录制

在录制视频时，运营者可以通过不同的终端来实现，下面分别介绍种利用手机和电脑录制屏幕的工具。

（1）Camtasia Studio

Camtasia Studio是一款专业的电脑屏幕录制与编辑软件，它的主要功能是对屏幕、配音、声音的录制及视频制作等。Camtasia Studio录制的屏幕清晰度非常高，声音也特别清晰，由于其操作的简单性，深受大众的喜爱。

（2）Shou

Shou是一款免费的手机屏幕录制软件，这款软件不仅屏幕高清，支持分辨率的修改，而且对视频的录制时长也没有限制。运营者可以直接选择用自己的Facebook或者Twitter直接登录。该款手机屏幕录制软件有以下3大特点。

① 可录制高清屏幕视频，或者播放录制的高品质视频。

② 拥有顶级的手机游戏、玩家和电子竞技赛事，运营者可以通过游戏频道

的名称来实现浏览。

③ 拥有全功能的聊天模式，运营者可享受创新的互动聊天，甚至可以开启"聊天-only"模式。

2. 音频编辑器

音频编辑器是一种对音频进行调试的工具，自从这种音频编辑器开发了手机App，运营者在处理各种音频时便更加方便了。在音频编辑器上方有一排编辑音频的工具，只要点击相应的按钮，就可以实现对音频的相应编辑。

3. Replay

Replay是一款专业的视频后期处理软件，它为运营者提供了多种滤镜和编辑效果，背景音乐更是风格各异。

这款视频处理软件不仅提供了各种不同的视频滤镜和编辑效果，而且也实现了文字的编辑、复制及删除等操作。在进行视频处理时，运营者不仅可以插入相应的背景音乐，也可以对视频播放的速度和格式进行调整。此外，视频制作完成后，既可以保存在手机相册中，也可以分享到各种社交平台。

6.2.7　H5制作工具

在这个移动社交时代，H5营销凭借着其简单、快捷、灵活、酷炫的特点获得了大量用户的认可。同时，它也因此迎来了新的发展，掀起了移动营销的新热度。

一份H5海报一般包括文字、图片、声音、视频、超链接等多种元素，包含多种用户使用场景。H5海报制作的主要目的是帮助企业、品牌展开宣传推广活动，介绍产品信息及具体的营销内容等，具体介绍如下。

1. 初页

初页是一种类似于PPT的移动端设备展示与传播的H5页面。其主要功能是在移动端社交媒体展示与传播。

对企业来说，初页帮助它们制作精致的邀请函或海报；对普通用户来讲，初页可以为其制作生日贺卡、纪念册、旅行图志等。

然而，对个别特定用户而言，他们也可以利用初页来制作微信公众号的欢迎页，甚至可以利用它在朋友圈展示自己的产品等。

2. MAKA

MAKA（码卡）是国内首家HTML5数字营销创作及创意平台。具体来说，它不仅是一个海量的行业模板，也是一个图文编辑工具。它的主要功能是为用户提供表单收集潜在的客户信息，方便用户随时创作、编辑和管理H5项目。

在使用MAKA制作作品时，有一个简单的方法，就是利用MAKA提供的模板来制作需要的内容。如果用户对提供的模板不满意，则需要新建一个项目，上传自己的作品封面、命名和描述等，对背景内容进行设置，在文本框中添加相应的文字，即可出现制作后的效果。制作完成后，点击"预览"按钮就可以实现对作品的预览了。

6.2.8　二维码生成工具

草料二维码是国内最大的二维码生成网站，它不仅可以为用户提供电话、短信、邮件和Wi-Fi（无线网络通信技术）等的二维码，也可以提供图片、视频、音频等内容的二维码。图6-6所示为草料二维码的"文本"页面。

图6-6　草料二维码的"文本"页面

草料二维码凭借其领先的技术，不仅可以快速地生成及制作二维码，而且还可以根据用户的需要对扫描二维码后的内容进行修改。

6.3　做好活动运营

运营者可以通过活动来助力全媒体矩阵运营建设。因为活动运营不单单只是一个运营岗位，同时也是不断推出新产品的总指挥，无论线上线下，活动运营都是推广产品的必备之选。做好了活动运营，可以更好地建设全媒体矩阵。

活动运营者在进行活动策划时是有步骤可循的，并不是随意"铺设"，凭个人感觉将活动策划出来的。本节将具体讲述活动运营过程中需要考虑的各项问题，以帮助大家掌握好线上、线下活动策划的诀窍。

6.3.1 确定活动目的

一般来说，活动类型不同，活动目的也会不同。因此，运营者除了要明确目的，还可以根据活动类型来确定活动目的。下面以促销型活动为例来进行介绍。

促销型活动，顾名思义，就是指以产品促销为目的的活动类型。这类活动的策划要求其实并不高，一般在活动策划书中将内容撰写清楚，企业管理者批准的可能性较大。图6-7所示为活动策划中的4个重点内容。

图6-7 活动策划中的4个重点内容

当然，策划促销型活动的目的并不只是促销产品和提高产品的销量，还有其他目的，如提高品牌的美誉度、增加产品的知名度和处理过季的产品等。

实际上，无论是活动运营还是其他的运营，事先明确目标都是首选。因为运营不能打无准备之仗，它需要比较完整的思路，并且还要有条不紊地执行。因此，运营者在进行活动策划时只有先把活动目的明确了，才能将活动举办得更顺利。

6.3.2 制定活动预算

在进行活动策划之前，运营者需要清楚一个活动中大概的成本花费，这样才能拟定一笔资金保证给企业管理者，然后获得活动资金。而运营者需要按照活动的资金预算来进行整个活动的策划。这个步骤可细分为两个部分，即估算成本和细算成本。下面介绍详细的步骤。

1. 估算成本

运营者在进行活动策划之前,必须估算出成本。当然活动内容不同,活动成本的估算价格和估算要素也是不同的。这就需要运营者日积月累的经验才能一个人完全胜任估算工作,不然就需要运营者在估算成本的过程中,与其他部门的人员多多沟通,征集意见。

一般常用成本花费要素包括邀请函、场地租赁、公关费用、礼品费用、音乐设备、座位租赁、宣传费用、会场布置费用,以及工作人员的酬劳等内容。

2. 细算成本

运营者估算出大致成本后,还需要进行成本细算,进一步保证活动成本花费的精准性。比如,企业准备在酒店里邀请同行知名人士同进晚宴活动,假设不考虑其他的成本费用,只考虑在酒店内的花费,具体内容如表6-1所示。

表 6-1 以酒店为例的细算成本

各项花费	还需考虑
酒店租赁的费用	酒店档次的不同
酒店桌椅的花费	加减桌椅的花费
所有食物的花费	可能增加食物的花费
耗费电力的费用	超出预算电力的花费
支付清洁的费用	是否需要支付
服务人员的费用	是否需要增加
晚宴节目的费用	根据档次而定
酒店布置的费用	布置的价位
音乐、音响费用	器材的价位
相关礼品的费用	礼品的价位

6.3.3 组织活动团队

运营者在确定了活动目的和活动成本花费之后,就需要进行初步的活动策划,慢慢将活动策划成形。在进行活动策划工作之前,千万不要自己一个人埋头苦干,不然策划出来的活动会出现不严谨的情况。

由此,运营者需要组织一个团队,一起完成一个活动的策划,团队人数根据活动大小来确定,具体内容如下。

（1）一般小型活动在10人以内即可。

（2）大型活动要根据活动的具体要求进行人数的拟定。

运营者需要根据团员的性格、爱好、技能来分配任务，只有这样团队人员在处理问题时才会更有效率。

★ 专家提醒 ★

在团队中，还需要多开会议，来征求团队成员对各方面的意见和看法，以及考虑是否要求助外援。比如，活动策划专业人士、公关方面的公司、活动运营导演等，通过他们专业的行业敏感度来给活动添彩。

6.3.4 策划活动时间

在策划活动的过程中，总会遇到各种各样的问题。比如，难找到合适的活动场地、难以联系到合适的娱乐节目等。

解决问题是需要时间的，因此活动策划团队需要将活动策划的时间整体计算出来，避免出现时间不够用的状况。

活动策划团队在计算策划时间时，需要考虑以下3个问题。

（1）确定策划→布置→举办活动的整体时间。

（2）计算每个活动项目需要花费的时间。

（3）解决已知问题需要花费的时间。

6.3.5 设计活动页面

活动页面是活动的实物展示，也是用户直接接触的部分，如果活动策划的前几个部分都做得非常完美，但活动页面做得不好，最终获得的效果也将会不尽如人意。可以说，活动页面很大程度上决定了活动效果的好坏。

而活动页面又分为两大板块，即用户看到的部分和开发部门看到的部分。下面详细介绍两者的具体内容。

1. 用户看到的最终展示页面

用户看到的部分也就是活动的最终展示页面，主要功能就是帮助用户享受流畅的活动体验，更加顺利地参与到活动之中。而想要确保用户体验优质的活动，就必须对活动过程中的诸多细节予以精心的打磨。

那么，在设计活动页面的时候运营者应该怎么做呢？图6-8所示为设计活动页面的技巧。

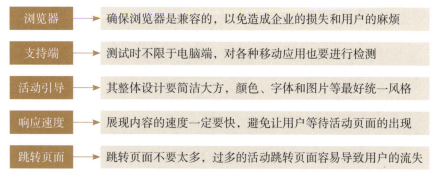

图 6-8 设计活动页面的技巧

2. 开发部门的设计活动

高质量的活动页面离不开设计师和程序员的努力和支持，而对于活动的运营而言，同样也需要开发部门和运营部门进行有效的沟通和合作，以提高整个企业的工作效率和工作质量。

那么，在活动页面的设计方面，运营部门应该向开发部门提供哪些内容呢？具体内容如下所述。

（1）活动的原型设计。

（2）统计代码（百度）。

（3）活动的其他说明。

（4）活动的具体步骤图。

（5）活动需要达到什么效果的文档。

6.3.6 选择活动时间

对活动策划来说，时间是比较核心的，时间的恰当与否能决定活动策划的成功程度。下面就来进一步了解应当如何在活动策划中对时间进行选择，从而确保活动取得预期的效果。

时间对活动策划来说具有非常大的作用，若时间选择不恰当则会影响活动的举办效果，若时间选择恰当则会成为推动活动成功的利器，所以时间的把握至关重要。而时间在活动策划中的作用主要体现在3个方面，即活动出席人数、活动受注意程度和出席者的逗留时间。

比如，活动时间安排在工作日的晚上，出席者第二天大多需要上班，则会出现逗留时间短的情况。时间太短很难在他们心中留下深刻的印象，活动效果也会不佳。

而运营者在制定时间的过程中,还要考虑到一些相关的因素,如举办活动那天的天气如何、是否选择节假日、考虑参加人员的总体习惯等,具体内容如表6-2所示。

表 6-2 选择时间所需要考虑的因素

因素	方 面
关于出席者	避开工作日,最好选择星期五的晚上到星期天的下午
关于主讲人	若主讲人是公司高管,则需要考虑主讲人的时间安排表
关于天气	天气不好,会影响出席者、工作人员的心情,且对出行有影响,很有可能让出席者产生不出席活动的念头
关于高峰期	若在工作日进行活动,则需要避免在下班高峰期结束。比如,16:30—17:00
居民生活习惯	开展时间不要太早或太晚,且历时不宜过长,一般控制在一至两个小时即可
适当地选择节日	活动最好能借助节日来烘托气氛,可是像春节这样的节日,大家都希望和家人在一起,若是在这样的节日中举办活动,是难以邀请到出席者的

6.3.7 选择活动地点

活动地点的选择也是活动策划的一大重点,活动地点选择是否合适对活动策划的效果有较大的影响。若在合适的地点进行好的活动,则活动效果会非常显著;若在不合适的地点进行好的活动,则活动效果会大打折扣。

那么,地点在活动策划中究竟有什么作用呢?这些作用体现在哪些方面呢?主要分为3点,即顺利开展活动、吸引更多目标受众和完满完成活动目标。

运营者在进行活动地点的选择时,需要考虑的因素有很多。其中,首要考虑的因素就是根据活动类型来选择地点,不同的活动类型应该选择不同的活动地点,从而为确保活动效果打下良好的基础。那么,具体应该怎么选择呢?下面列举3种活动类型来进行分析,如图6-9所示。

图 6-9 根据活动类型来选择地点

运营者在选择活动地点时，还需要考虑成本问题。一般而言，要根据企业本身的承受能力来做好活动的相关预算。那么，具体要怎么进行成本的预算呢？不同地点做活动需要考虑的成本问题如图6-10所示。

图 6-10 考虑成本预算的案例

★ 专家提醒 ★

运营者在选择地点时，千万不要随便选择，一定要从各方面进行考虑，势必要挑选出一个最合适举办活动的地点，还可以从地点的人流量、地点的具体位置等方面考虑地点的合适程度。

6.3.8 做好完全准备

俗话说："台上三分钟，台下十年功。"如果在活动举办的关键时刻"掉链子"，那么就会前功尽弃，白白忙活一场。为了让活动顺利开展，达到较好的效果，运营者就需要做好万全的准备，这里的准备不仅仅是指活动策划，同时在活动过程中的应对措施也是准备的内容之一。一个方案失败了，不用害怕，还有另一个方案，这就是准备的作用。

实际上，活动开展的过程是一个以数据为重点关注对象的过程，为什么这么说呢？活动的开展过程实质为：首先大力吸引活动用户，然后尽力激活活动用户，以及最后尽量避免用户流失。

一般而言，在刚刚推出活动的时候，能够引入的用户数量是比较少的。那么，要怎样才能吸引用户参与活动呢？这个时候我们就要对自己进行审视和反省，看看到底是哪里出了问题，是活动的推广地点不合适？还是活动的设计内容不合理？我们又该如何解决这些问题呢？

首先来看活动推广地点的问题，主要有两种，一是不合适，二是太少。这里主要针对线上活动来讲如何解决活动推广地点少的问题。因为对于处于互联网环境中的活动而言，活动推广地点过少也就意味着用户难以接触到活动开展的信息，从而也不可能成为活动的参与用户。

那么，我们究竟应该怎么做才能解决活动推广渠道少的问题呢？首先来看第一种做法，具体内容如图6-11所示。

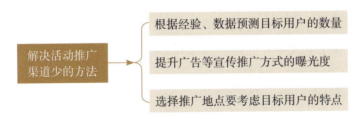

图 6-11　解决活动推广渠道少的方法

第二种做法就是炒作，这里的炒作是指通过与第三方营销团队的合作来对活动内容进行宣传和推广，如新浪微博上的活动。如果得到大量的明星、名人及大V（具有影响力的微博用户）的支持，就能有效吸引相应的用户关注活动，从而成功达到"炒作"的目的。

再来看活动本身的设计问题，它可能比较复杂，包括很多方面，如活动文案不恰当、活动奖励不够诱人、目标用户投放不精准和活动步骤不够严谨等。

对于上述这些问题，只有在活动开展的过程中不断完善，才能解决，而且要实时跟进，才能有效提升用户参与活动的概率。

在活动有了一定数量的基础用户之后，还要对活动中的用户进行激活和引爆，只有这样，才能让活动真正为大众所知，成为名副其实的热点活动，吸引更多的用户参与其中，大大提升活动运营的效果。那么，如何才能激活和引爆活动和用户呢？引爆活动的方案需要具备哪些特征呢？详细内容如下所述。

（1）需要密切关注用户的兴趣点：如果一个话题是大量用户共同关注的，且能够就此形成热烈讨论的，说明这个活动就能吸引大量用户参与，且还可能引爆活动。

（2）最好能够引起用户的争论：能形成热烈讨论局面的话题往往都需要带有争议性。但要注意的是，发布的话题不能违反相关的规章制度。一般而言，争议性的话题加上有影响力博主的转发支持，就很有可能取得良好的效果。

（3）爆点要具备新颖的特征：这里的爆点包括两个方面，一是活动形式本身，二是活动的主题。在这两个方面保持新颖，能够激发用户的好奇心理，从而引起用户对活动的热切关注。

6.3.9 做好总结分析

在活动结束之后，并不意味着活动运营也结束了，因为总结活动之后的数据变化是活动运营中非常重要的环节。

我们之所以开展活动，是为了吸引更多的新用户并有效提升用户的活跃度，但是在活动结束后，不可避免地会遇到用户流失和用户变得不活跃的问题，甚至更坏的是，有些用户还有可能恶意攻击产品，给产品的发展带来不良的影响，使得活动的效果适得其反。

那么，我们应该怎样根据数据对已经结束的活动展开总结和分析呢？下面先给大家介绍两个指标。

1. 用户变化值：关注活动前后数据

对于用户变化值我们可以采用公式来计算，即【（活动后数据）-（活动前数据）】÷（活动峰值数据）×100%。活动前后的数据是比较稳定的，因此适合用来计算用户的变化值。

如果通过相关数据得出的值比较低，那么这个活动的效果就不容乐观，等于白做，甚至不如不做；如果得出的值比较高，那么这个活动的效果就比较成功，我们要做的就是继续提升用户的参与度。

2. 用户增长率：关注活动长期效果

用户增长率是与用户变化值共同用来帮助检测活动运营的最终效果的，其计算公式为：【（活动后数据）-（活动前数据）】÷（活动前数据）×100%-（用户自然增长率）。这个指标关注的是活动运营的长期效果，而且是从比较全面的角度来分析活动运营的效果的。

★ 专家提醒 ★

无论是用户变化值，还是用户增长率，这两个指标都是帮助运营人员检测活动运营效果的得力助手。可以说，通过这两点对活动的整体效果做一个简单的评价没有一点问题。

当然，在检测效果的时候还要注意两点，一是根据不同的产品和活动类型采用不同的评价手段，二是不仅仅局限于这两大指标来对活动效果进行评判，还可以通过其他小数据的统计得出结论和经验，以便让运营团队在下次的活动运营中取得更好的效果。

本章小结

本章主要向读者介绍了全媒体矩阵运营的相关知识，帮助读者了解了全媒体矩阵的运营技巧、工具的运用，以及活动运营等内容。通过对本章的学习，希望读者能够对全媒体矩阵运营建设的基本知识有很好的掌握。

课后习题

鉴于本章知识的重要性，为了帮助读者更好地掌握所学知识，本节将通过课后习题，帮助读者进行简单的知识回顾和补充。

1. 运营全媒体矩阵，有哪些技巧？
2. 进行全媒体矩阵运营，可以运用哪些工具？

第 7 章
爆款短视频的制作

本章要点：

短视频已成为当前全媒体平台的主要表现形式，随着短视频的火爆，带货能力更好的种草视频也开始在各大媒体和电商平台中流行起来。本章以抖音为例，为大家介绍种草视频的相关内容，帮助运营者创作出热门种草视频。

7.1 了解种草视频

如今,短视频已经成了新的流量红利阵地,具有高效曝光、快速涨粉和有效变现等优势。因此,越来越多的运营者将短视频作为主要的内容发布形式,以实现全媒体运营。而且,在短视频中出现了很多种草视频,它们借助短视频的优势为电商产品提供了更多的流量和销量。本节就来为大家介绍种草视频的相关内容。

7.1.1 3种电商短视频

电商短视频主要包括商品种草型、直播预热型和娱乐营销型3种类型,不同类型的电商短视频其内容定位也有区别,如图7-1所示。

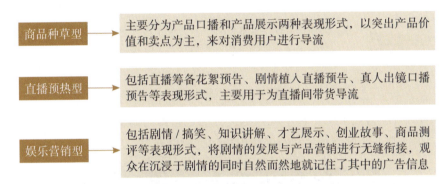

图 7-1 电商短视频的 3 种类型

7.1.2 种草视频的优势

相对于图文内容,短视频可以使产品种草的效率大幅提升。因此,种草视频有着得天独厚的带货优势,可以让消费用户的购物欲望变得更加强烈,其主要优势如图7-2所示。

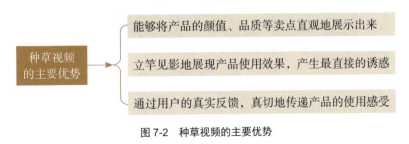

图 7-2 种草视频的主要优势

7.1.3 4大类种草视频

种草视频不仅可以告诉潜在消费用户你的产品如何好,还可以快速建立信任关系。种草视频的带货优势非常多,其基本类型如图7-3所示。

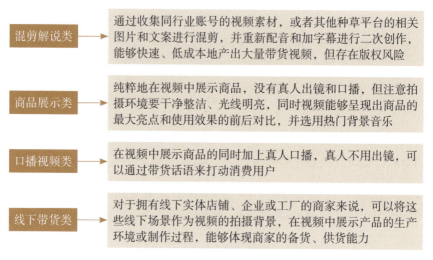

图 7-3 种草视频的类型

图7-4所示为线下带货种草视频示例。通过将产品的加工车间作为视频拍摄背景,将产品的原始面貌展现给消费用户,画面更真实,从而更容易实现转化。

图 7-4 线下带货种草视频示例

7.1.4 打造爆款短视频

任何事物的火爆都需要借助外力,而爆品的锻造升级也是如此。在这个产品繁多、信息爆炸的时代，如何引爆产品是每一个运营者都值得思考的问题。从种草视频的角度来看，打造爆款需要做到以下几点，如图7-5所示。

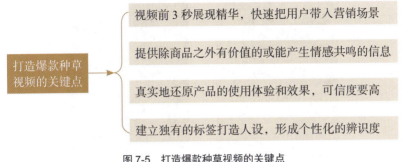

图 7-5　打造爆款种草视频的关键点

7.2　注意拍摄事项

随着短视频的流行，各大电商平台的产品介绍越来越倾向于用视频来呈现，而且视频的转化率要比纯图片和纯文字更高。不过，电商产品视频不是随便拍拍就行的，本节将详细介绍一些拍摄过程中的注意事项，帮助大家拍好产品视频。

7.2.1　选择拍摄场景

很多时候，消费用户在看到产品视频时，会将视频中的人物想象成自己，自己用着视频中的产品，会是怎样的一种感受。因此，电商产品视频的拍摄场景非常重要，合适的场景可以让消费用户产生身临其境的画面感，进一步刺激其下单的欲望。

除了合适的场景搭配，还需要让模特与场景互动起来，从而让产品完全融入场景，这样拍出来的效果会更加有吸引力。

图7-6所示为登山鞋产品视频示例。该登山鞋防滑、耐磨，因此很适合在户外场景中拍摄，可以让模特穿着鞋子在各种山路或石头路等路况较差的地方穿行，让消费用户产生亲身体验的感觉。

如果是皮鞋产品的话，这种场景就不太适合了，应尽量选择在办公室等室内场景，或者在非常"白领化"的一些场景中来拍摄，如图7-7所示。不同的鞋有不同的场景需求，否则将产品放到不搭调的场景中去拍摄，消费用户看着就会觉得很别扭，而且也无法将产品带入这个情景当中。

图 7-6 登山鞋产品视频示例

图 7-7 皮鞋产品视频示例

7.2.2 布置拍摄背景

电商产品视频的拍摄背景要整洁,可以根据视频的内容对镜头内的场景进行布置,尽可能地营造出用户所需要表达的氛围。

图7-8所示为保温壶产品视频示例。在这个视频中,选择厨房和洗手台作为拍摄背景,可以明显看出来是在家里拍摄的,营造出一种居家的氛围感。

图 7-8　保温壶产品视频示例

7.2.3　保持充足的光线

在拍摄电商产品视频时，环境中的光线一定要充足，这样才能更好地展现产品。

图7-9所示为玉簪花产品视频示例。它将淡蓝色的墙壁作为背景，配合淡色的桌布，让整体的光线看起来柔和、明亮，可以让绿色的植物显得更加通透且有层次感。

图 7-9　玉簪花产品视频示例

如果光线较暗，建议使用补光灯对产品进行补光，同时注意不要使用会闪烁的光源。

图7-10所示为白玉碗产品视频示例。在该视频中，采用简单的背景，同时用顶光对产品进行打光，形成明暗对比，让产品主体更突出。

图 7-10　白玉碗产品视频示例

7.2.4　体现产品价值

在拍摄电商产品视频之前，运营者要先确定自己的拍摄构思，即通过什么样的方式来拍摄，让产品更好地呈现在消费用户眼前。运营者可以从两个方面去构思，即通过剧本场景或者小故事来进行拍摄。对于品牌产品，还可以在视频中加入一些品牌特性。

图7-11所示为智能机器人产品视频示例。该视频就是通过一种与机器人进行互动的拍摄方式，来展现智能机器人产品功能的，将产品的使用场景完全融入消费用户的日常生活。

当然，不管运营者如何进行构思，在产品视频中都需要体现出产品的价值和用户体验，需要贴近消费用户的日常生活，让他们产生看得见和摸得着的体验，这就是最直接的拍摄技巧。

图7-12所示为智能窗帘产品视频示例。在该视频中，通过演示窗帘的自动关闭和自动打开功能，让消费用户在视频中即可体验到产品为其带来的便捷、舒适

的生活方式。

图 7-11 智能机器人产品视频示例

图 7-12 智能窗帘产品视频示例

7.2.5 注意拍摄顺序

对于电商产品视频中的产品展示,建议大家拍摄5组镜头,依照顺序分别为"正面→侧面→细节→功能→场景"。

图7-13所示为人工智能（Artificial Intelligence，AI）音箱产品视频示例。拍摄的是AI音响产品视频，下面分别解析各组镜头的拍摄要点。

图 7-13　AI 音箱产品视频示例

（1）正面：通过正面角度可以更好地描述产品的整体是什么样的，呈现产品给人带来的第一印象。

（2）侧面：通过不同的侧面，如左侧、右侧、背后、顶部、底部等角度，完整地展示产品。

（3）细节：产品上一些重要的局部细节可以先展示出来，从而更有效地呈现产品的特点和功能。

（4）功能：逐个演示产品的具体功能，让产品与消费用户产生联系，解决消费用户的难点、痛点。

（5）场景：将产品放在一个适合的环境中，来进一步展示它的功能特点和使用体验，场景感越强带货效果越好。

7.3　设计拍摄脚本

运营者只有深入了解自己的产品，对产品的生产流程、材质类型和功能用途等信息了如指掌，才能提炼出产品的真正卖点。

在拍摄产品视频时，运营者可以根据用户对痛点需求的关注程度，来排列产品卖点的优先级，全方位地展示产品信息，吸引消费用户。本节介绍设计拍摄脚本的技巧。

7.3.1 找到产品卖点

当运营者在制作产品视频时，需要深入分析产品的功能并提炼相关的卖点，然后亲自去使用和体验产品，通过视频来展现产品的真实应用场景。找产品卖点的4个常用渠道如图7-14所示。

图 7-14 找产品卖点的 4 个常用渠道

比如，女装产品的用户痛点包括做工、舒适度、脱线、褪色及搭配等，因为女性更在乎产品的款式和整体的搭配效果。因此，运营者可以根据"上身效果+设计亮点+品质保障+穿搭技巧"等组合来制作产品视频，相关示例如图7-15所示。

图 7-15 女装产品视频示例

★ 专家提醒 ★

运营者要想让自己的产品视频吸引消费用户的目光，就要知道他们心里想的是什么，只有抓住消费用户的消费心理来提炼卖点，才能通过精准的产品视频来吸引消费用户下单。

7.3.2 展现产品精华

当运营者找到产品卖点后,就需要根据这个卖点来设计产品视频的脚本。前面已经简单介绍了找产品卖点的几个渠道,此时运营者就需要根据产品卖点来规划需要拍摄的场景和镜头,以及每个镜头需要搭配的字幕内容。将产品视频脚本做好后,能够大幅提升工作效率。

比如,下面是一个运动鞋的产品视频,不仅体现了产品的细节质感,同时还拍摄了带入环境的镜头,将产品的卖点充分展现出来,如图7-16所示。

图 7-16 展现产品精华的产品视频示例

这个运动鞋产品主图视频的脚本如表7-1所示。

表 7-1 运动鞋产品视频脚本示例

镜号	场景	画面内容	运镜方式
1	室内	近距离展示运动鞋的外观	固定镜头
2	室外	展示运动鞋的材质	固定镜头
3	室外	展示穿搭效果和模特穿上运动服后跳跃的画面	固定镜头
4	室内	展示运动鞋做工的柔软性	固定镜头
5	室外	展示模特穿上运动鞋的灵活性	固定镜头
6	室外	展示模特穿鞋子后的走路场景	跟随镜头

7.3.3　设计带货脚本

产品视频带货主要是依靠视频内容的展现来吸引消费用户下单的，因此脚本的设计尤为重要。强大的脚本不仅可以提高产品视频的转化率和销量，而且可以极大地提高产品视频的制作效率，达到事半功倍的效果。那么，视频带货脚本该怎么设计呢？可以从以下3个方面入手，如图7-17所示。

比如，油性皮肤的消费用户在看到带有控油类、补水类的产品视频时，停留的时间就会相对较长，如图7-18所示。因此，运营者如果在自己的产品视频脚本中直接点明产品的适用人群，就能够吸引这些精准客户的注意。

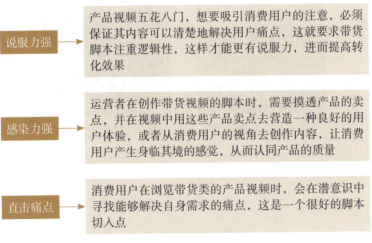

图 7-17　高销量的带货脚本创作要点

图 7-18 控油、补水类的产品视频

7.3.4 策划轮播视频

轮播视频是消费用户进入商品详情页后首先看到的内容，能够多维度地展示产品的外观、细节、功能，让消费用户对产品有更多了解，增加消费用户的停留时间，提高产品的转化率和收藏加购率，如图7-19所示。

图 7-19 轮播视频

目前，很多运营者制作的轮播视频质量达不到要求，存在不少脚本方面的误区，如图7-20所示。

图 7-20　商品轮播视频的脚本策划误区

★ 专家提醒 ★

SKU 是 Stock Keeping Unit（最小存货单位）的简写，是产品入库后一种编码归类方法。从货品角度看，SKU 指一种属性确定的单品。如果属性有所不同，那就是不同的 SKU。

为了防止运营者踩中以上误区，拍摄轮播视频要提前做好脚本策划。比如，下面是一款女士铅笔裤产品，从标题和产品参数中即可看到商品的一些关键信息，如图7-21所示。

图 7-21　女士铅笔裤产品的标题和产品参数

产品卖点为：显瘦百搭紧身裤。竞品的买家痛点为：掉裆、无弹力、显胖。根据"显瘦百搭"的卖点制作一个轮播视频脚本，如表7-2所示。

表 7-2 女士铅笔裤的轮播视频脚本示例

镜号	场景	画面内容	字幕
1	内景、全景	搭配西装外套	秒变气质女神
2	内景、全景	搭配休闲白色T恤	轻松穿出学院风
3	内景、全景	搭配黑色卫衣	做个酷酷的girl
4	内景、全景	搭配针织开衫	秒变邻家女孩
5	手持近景	搭配黑色紧身衣	简约、时尚又大方

在拍摄视频时，模特可以尽量在镜头前多旋转和运动身体，展示出产品有弹力、不会紧绷的特点，如图7-22所示。

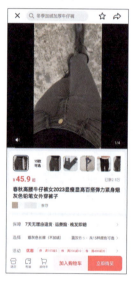 

图 7-22 女士铅笔裤产品的轮播视频

下面为大家介绍轮播视频的脚本策划要点，如图7-23所示。

图 7-23 轮播视频的脚本策划要点

7.3.5 符合用户需求

虽然产品视频的主要目的是带货，但这种单一的内容形式难免会让用户觉得无聊。因此，运营者可以在视频脚本中根据用户痛点，给消费用户带来一些有趣、有价值的内容，提升他们的兴趣和黏性。

比如，在下面这个卖洗衣机产品的"全部商品评价"界面中，可以看到很多消费用户对该产品做出了评价，有好评，也有中差评，如图7-24所示。其实，这些评价是消费用户非常关注的地方，也就是用户痛点。运营者可以在视频脚本中将这些痛点列出来，并策划相关的内容，通过产品视频解决消费用户提出的问题。

图 7-24 "全部商品评价"界面

产品视频并不是要一味地吹嘘产品的特色卖点，而是要解决消费用户的痛点，这样他才有可能为你的产品买单。很多时候，并不是运营者提炼的卖点不够好，而是因为运营者认为的卖点，不是消费用户的痛点所在，并不能解决他的需求，所以对消费用户来说自然就没有吸引力了。

当然，前提是运营者要做好产品的用户定位，明确用户是追求特价，还是追求品质，或者是追求实用技能，以此来指导视频脚本的优化设计。

7.4 熟悉禁忌和要求

运营者在制作种草视频时，对内容的拍摄和策划一定要满足一些相关的平台规则，否则可能影响视频的流量，甚至还可能被平台删除或封号。本节将详细介绍种草视频的禁忌和要求。

7.4.1 格式低质问题

如视频的画面非常模糊，无法看清其中的内容等，这种存在明显的格式低质问题的视频是无法通过平台审核的。除此之外，还有其他的一些格式低质问题，具体内容如下。

（1）视频带有明显的水印，影响用户的观看。
（2）视频画面被严重裁剪，导致画面不完整。
（3）视频的边框部分过大，而主体内容面积太小，不到整体画面的1/3。
（4）视频画面出现倾斜、变形、拉伸、压缩等问题。
（5）视频是直接对着屏幕拍的，或者是由简单的图片组成的。
（6）视频中的空白屏、黑屏内容大于10s。
（7）视频杂音过大，或者长时间没有声音。
（8）视频进行了过度的变速或变声处理，无法听清其中的内容。

7.4.2 内容质量问题

视频的内容质量出现问题，或者内容是毫无价值的垃圾信息，相关问题如下。

（1）视频是随意拍的，没有主题和信息增量。
（2）视频是搞笑、颜值、情景剧等纯娱乐内容，缺乏信息价值。
（3）视频画面全程静止或是纯粹的挂机内容，无独特的观点。
（4）视频中的信息过于陈旧，过期太久。

7.4.3 广告问题

种草视频尽量不要直接使用商品主图视频，或者是纯商业广告，相关问题如图7-25所示。

第7章　爆款短视频的制作

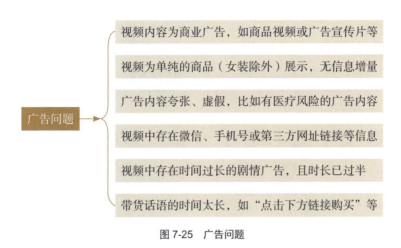

图 7-25　广告问题

7.4.4　选择优质封面

种草视频的封面要择优选择，同时不能出现上述低质内容，并要确保封面图片清晰美观，能够看清其中的人脸、画面细节和内容重点等，相关示例如图7-26所示。

图 7-26　清晰美观的封面图片

另外，封面不能采用纯色的图片，或者随意截取视频中的某一帧，必须能够展现一定的内容信息。

种草视频的封面尺寸为9∶16，标题要控制在20个字以内，不做"封面

145

党""标题党"。同时,封面文案的配字大小和颜色都要合适,必须能够看清楚,同时不能出现标点错误、错别字等,相关示例如图7-27所示。

图 7-27 封面文案示例

7.4.5 选择优质视频

种草视频可以将日常生活作为创作方向,主要包括穿搭美妆、生活技巧、美食教学、健康知识、家居布置、购买攻略等,如图7-28所示。

图 7-28 优质种草视频示例

以抖音平台为例，种草视频的比例最好是9∶16的竖版，因为这样的画面大小更适合平台的界面，画质也更清晰。

种草视频的声音和画质都必须清晰，最好有字幕配置，同时无违规、虚假、站外引流、不当言论、恶心恐怖等内容。种草视频的内容有意义、有价值，不能是纯搞笑、纯娱乐、纯音乐或监控录像等内容。

7.5 制作种草视频

很多视频运营者最终都会走向带货卖货这条商业变现之路，种草视频能够为产品带来大量的流量转化，同时让运营者获得丰厚的收入。本节将介绍种草视频的相关制作技巧，帮助运营者快速提升视频的流量和转化率。

7.5.1 做好人设定位

运营者要想成功带货，还需要通过种草视频来打造主角的人设魅力，让大家记住你、相信你，相关技巧如图7-29所示。

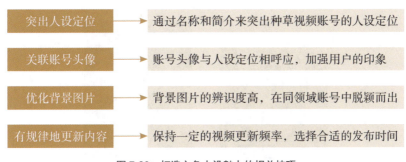

图 7-29 打造主角人设魅力的相关技巧

★ 专家提醒 ★

如果运营者已经成功通过种草视频，打造好了主角的人设，那么在那一段时间内，尽量不要去改变这个人设，不然会让用户觉得被"背叛"了。

7.5.2 巧妙地引出产品

在种草视频的场景或情节中引出产品，这是非常关键的一步，这种软植入方式能够让营销和内容完美融合，让人印象颇深，相关技巧如图7-30所示。

图 7-30　在视频场景中植入产品的相关技巧

简单而言，归纳当前种草视频的产品植入形式，大致包括台词表述、剧情题材、特写镜头、场景道具、情节捆绑，以及角色名称、文化植入、服装提供等，手段非常多，不一而足，运营者可以根据自己的需要选择合适的植入方式。

7.5.3　突出产品功能

每个产品都有其独特的质感和表面细节，运营者可以在拍摄的种草视频中成功地表现出这种质感细节，可以大大地增强产品的吸引力。同时，在视频中展现产品时，运营者可以从功能或用途上找突破口，展示产品的神奇用法，如图 7-31 所示。

图 7-31　展示产品功能用途的短视频示例

种草视频中的产品一定要真实，必须符合用户的视觉习惯，最好真人试用拍摄，这样更有真实感，可以提高用户对你的信任度。

除了简单地展示产品本身的"神奇"功能之处，还可以放大产品优势，即在已有的产品功能上进行创意表现。

7.5.4 吸引用户注意

对于种草视频的标题，其作用是让用户能搜索到、能点击，最终进入店铺产生交易。标题优化则是获得更高的搜索排名、更好的客户体验和更多的免费有效点击量。

在设计种草视频的文案内容时，标题的重要性决定你的视频是否足够有给用户点击的理由。切忌把所有卖点都罗列在视频标题之上，记住标题的唯一目标是让用户直接点击。下面给大家总结下写好一个种草视频标题要注意的几个关键点。

（1）你要写给谁看——用户定位。

（2）他的需求是什么——用户痛点。

（3）他的顾虑是什么——打破疑虑。

（4）你想让他看什么——展示卖点。

（5）你想让他做什么——吸引点击。

运营者不仅要紧抓用户需求，而且要用一个精练的文案表达公式来提升标题的点击率，切忌絮絮叨叨，毫无规律地罗列、堆砌相关卖点。

7.5.5 踩中用户痛点

种草视频的文案相当重要，只有踩中用户痛点的文案才能吸引他们去购买视频中的产品。运营者可以多参考如小红书、抖音等平台中的同款产品视频，找到一些与自己要带货的产品特点相匹配的文案，这样能够提升创作效率，如图 7-32 所示。

图 7-32 踩中用户痛点的文案

比如，运营者可以在种草视频中添加一些"励志鸡汤"等内容，并且结合用户的需求或痛点，从侧面来凸显产品的重要性，这样的内容很容易引起有需求的精准用户产生共鸣，带货效果也非常好。

★ 专家提醒 ★

种草视频的文案要有与产品特征、功能等相吻合的点，这样才能让用户感受到该产品的实用性和重要性。

本章小结

本章主要向读者介绍了爆款种草视频的相关知识，帮助读者了解种草视频的相关内容，如拍摄技巧、脚本设计和制作技巧等。通过对本章的学习，希望读者能够对制作爆款种草视频的基本知识有很好的掌握。

课后习题

鉴于本章知识的重要性，为了帮助读者更好地掌握所学知识，本节将通过课后习题，帮助读者进行简单的知识回顾和补充。

1. 种草视频的主要优势有哪些？
2. 种草视频能够为产品带来大量的流量转化，那么如何制作种草视频呢？

第 8 章
种草短视频的玩法

本章要点：

种草短视频需要精心制作，才能让用户主动下单购买，要想保持用户的粉丝黏性，运营者需要全方面改善种草短视频，从各个方面去提升其内容质量。本章以抖音为例，为大家介绍种草短视频的更多玩法，提升下单转化效果。

8.1 进行产品运营

对于运营工作来说,产品运营是带货出单的重中之重,包括选品、定价、上货等多个环节。虽然很多运营者都知道产品运营的重要性,但仍然有很多人在产品运营环节遇到各种问题。本节将以抖音平台为例,介绍抖店产品运营的相关技巧,包括选品渠道、选品技巧、上架商品、优化商品、打造卖点等内容。

8.1.1 扩展选品渠道

目前,抖店可用的选品渠道非常丰富,包括抖音选品广场、头部达人直播间、优质同行店铺、蝉妈妈等,运营者可以将所有与产品相关的渠道都尝试一遍,看看哪个渠道的产品质量最优、价格最低、供应链最完善。

下面以抖音选品广场为例,介绍利用该渠道选品的操作步骤及技巧。

步骤01 在抖音短视频App中进入"我"界面,点击"商品橱窗"按钮,如图8-1所示。

步骤02 执行操作后,进入"商品橱窗"界面中,点击"选品广场"按钮,如图8-2所示。

图 8-1 点击"商品橱窗"按钮

图 8-2 点击"选品广场"按钮

步骤03 执行操作后,进入"抖音电商精选联盟"界面的"选品中心"选项卡,如图8-3所示。运营者可以根据橱窗好品、短视频热卖、直播课代表、超值购、联盟活动、爆款榜、万人团、热点话题以及9.9秒杀等功能筛选产品。

除此之外，在该界面的最下方也有许多推荐的产品，主要是根据运营者的历史推广记录和粉丝等情况，进行个性化的选品推荐。点击右上角的"链接"按钮，可以添加抖店或外部平台的商品链接。另外，在"合作商品"选项卡中，会根据合作类型展示内容，如专属推广、定向计划和运营者店铺等板块。

步骤04 ❶运营者可以在搜索框中输入商品名称（或店铺名称）；❷点击"搜索"按钮；❸在搜索结果中选择相应的商品，如图8-4所示。

图 8-3 "选品中心"选项卡

图 8-4 选择相应的商品

步骤05 进入"商品推广信息"界面，在此可以查看该商品的佣金率、售价、保障服务、近30天的推广数据、视频/直播创作灵感、商品评价，确认商品合适后可以点击"加入橱窗"按钮，将该商品添加到商品橱窗中，如图8-5所示。

步骤06 如果运营者还想进一步了解该商品，还可以点击"详情"按钮进入商品详情界面，查看该商品的详细介绍，并决定是否选择该商品，如图8-6所示。

图 8-5 点击"加入橱窗"按钮

图 8-6　商品详情界面

8.1.2　掌握选品技巧

在抖音平台上带货，选择的产品质量好坏，会直接影响用户的购买意愿，运营者可以考虑以下几点来选择带货的产品。

1. 选择高质量的产品

抖店中不能出现"假货""三无产品"等伪劣产品，这属于欺骗消费用户的行为，平台会给予严厉惩罚，因此运营者一定要本着对消费用户负责的原则进行选品。

用户在运营者的店铺进行下单，必然是信任运营者的，运营者选择优质的产品，既能加深用户对自己的信任，又能提高产品的复购率。因此，运营者在产品的选择上，可以从以下几点出发，如图8-7所示。

图 8-7　选择带货产品的出发点

2. 选择与人设定位相匹配的产品

如果是主播或者明星进行带货，在产品的选择上，首先可以选择符合自身人设的品牌。比如，作为一个"吃货"，那么运营者选择的产品一定是美食；作为一个健身博主，则运营者选择的产品可以是运动服饰、健身器材或者代餐产品等；作为一个美妆博主，则运营者选择的产品一定是美妆品牌。

其次，产品要符合运营者的人设。比如，某主播进行直播带货，这个主播的人设是天真烂漫，活泼可爱，那么他所带货的产品，品牌调性可以是有活力、明快、个性、时尚或者新潮等风格的产品；如果主播是认真且外表严谨的人设，那么他所选择的产品可以更侧重于高品质，比如具有优质服务的可靠产品，也可以是具有创新的科技产品。

3. 选择一组可配套使用的产品

运营者可以选择一些能够搭配销售的产品，进行"组合套装"出售，还可以利用"打折""赠品"等方式，吸引用户观看直播并下单。

用户在抖音平台上购买产品的时候，通常会与同类产品进行对比。如果运营者单纯利用降价或者低价的方式进行销售，可能会让用户对这些低价产品的质量产生疑虑。

但是，如果运营者利用搭配销售产品的优惠方式，或者以赠品的方式销售，既不会让用户对产品品质产生怀疑，又能在同类产品中体现出一定的性价比，从而让用户内心产生"买到就是赚到"的想法。

比如，在服装产品的直播间中，运营者可以选择一组已搭配好的衣服和裤子进行组合销售。既可以让用户在观看直播时，因为觉得搭配好看而下单，还能让用户省去自己搭配服饰的烦恼。因此，这种服装搭配的销售方式，对不会穿搭的用户来说，既省时又省心，吸引力相对来说会更高。

4. 选择一组产品进行故事创作

运营者在筛选产品的同时，可以利用产品进行创意构思，加上场景化的故事，创作出有趣的带货脚本内容，让用户在观看直播的过程中产生好奇心，并进行购买。

故事的创作可以是某一类产品的巧妙利用，介绍这个产品并非平时所具有的功效，在原有功能的基础上进行创新，满足用户痛点（满足刚需）的同时，为用户带来更多痒点（满足欲望）和爽点（即时满足）。另外，内容的创意构思也可以是多个产品之间的妙用，或者是产品与产品之间的主题故事讲解等。

8.1.3 商品上架管理

运营者选到合适的商品后，即可将商品上架到抖店中，这样用户才能在抖音平台上看到并购买你的商品。下面介绍在抖店中上架商品的具体操作方法。

步骤01 进入抖店后台的"首页"页面，在左侧导航栏中选择"商品"|"商品创建"选项，如图8-8所示。

图8-8 选择"商品创建"选项

步骤02 执行操作后，进入"商品创建"页面，在"选择商品类目"选项区中，❶根据商品类别选择合适的类目；❷单击"下一步"按钮，如图8-9所示。

图8-9 单击"下一步"按钮

★ 专家提醒 ★

运营者需要先做好店铺的精准定位，然后根据这个定位风格来选择商品类目，让店铺的整体风格更加清晰，这样抖音平台也可以给你的店铺打上更加明确的标签，同时匹配更精准的用户去展现店铺。

运营者可以通过店铺定位快速找到市场的着力点，并开发或选择符合目标市场的商品，避免店铺绕弯路。

步骤 03 执行操作后，进入"商品创建"页面的"基础信息"板块。在该板块中填写商品的相关信息，并单击"发布商品"按钮，即可提交商品的相关信息。接下来，运营者只需根据系统提示设置商品的图文内容、价格库存、服务与履约的相关信息，便可以完成商品的创建。

8.1.4 优化商品信息

抖店中的商品信息包括主图、标题、详情页等，用户在抖音平台上也能看到这些信息。其中，标题和主图是用户对商品的第一印象，运营者一定要反复琢磨如何优化商品信息，这样才更能吸引用户点进去看。详情页则保持客观真实即可，尽量与实物描述一致，切勿夸大宣传。

运营者可以在抖店后台进入"商品成长中心"页面，如图8-10所示，查看系统自动对店铺中所有在售的商品进行问题评估的内容。运营者可以及时按照优化建议对商品进行优化，有助于规避商品的违规行为、提高商品点击率及转化率等指标，进一步完善店铺的总体经营情况。

图 8-10 "商品成长中心"页面

在商品列表中，单击相应商品右侧的"详情"按钮，可以查看该商品的全部待优化内容和优化建议，如图8-11所示。单击"立即优化"按钮，即跳转至商品信息编辑页面，单击其中的输入框，可在屏幕右侧查看修改提示和填写规则，如

图8-12所示。运营者按照提示对商品进行优化后,单击"发布商品"按钮,审核通过后即可修改商品信息。

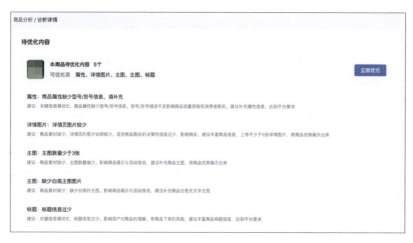

图8-11 查看商品的全部待优化内容和优化建议

比如,优化商品标题是为了让用户能搜索到、能点击该标题,最终进入店铺并产生交易。优化标题则是为了获得更高的搜索排名、更好的用户体验,以及更多的免费有效点击量。

图8-12 查看修改提示和填写规则

在商品的标题文字中,要能够体现出商品的品牌、属性、品名和规格等信息。运营者在创建商品时,还需要在商品标题下方填写商品的相关属性。好的商品标题可以给商品带来更大的曝光量，能够准确地切中目标用户，所以运营者一定要重视标题。

系统会根据商品标题为商品贴上各种标签，当用户在抖音平台上通过关键词搜索商品时，系统会匹配用户行为标签和商品标签，来优先推荐相关度高的商品。

运营者在做标题优化的时候，首要的工作就是"找词"，即找各种热门关键词的数据，包括商品的款式、属性、价格等，将这些做标题时要用到的关键词都记下来。标题的基本编写公式为：标题＝商品价值关键词+商品商业关键词+商品属性关键词。

另外，商品主图也是吸引用户点击的关键元素，运营者需要将主图中的营销信息有效地传达给用户，让用户能够通过主图"秒懂"商品。

图8-13所示为过于杂乱的图片示例。这张商品主图中的信息非常多，对用户来说，显然是无法在一秒钟之内就看明白的。这样的话，用户很难快速看出该商品与同类型产品有哪些差异化的优势，也无法精准对接用户的真实需求，自然也很难得到用户的点击。

图8-14所示为简单明了的图片示例。这个商品主图放的是场景应用图，甚至没有任何文案，但是能够让用户快速了解到商品的外观特点和使用场景，如果刚好能够满足他的需求，那么是很容易引起用户点击并查看商品详情的。

图8-13 过于杂乱的图片示例

图8-14 简单明了的图片示例

大部分用户在刷抖音时,浏览速度都是比较快的,可能短短几秒钟就会看到十几个同类型产品,通常不会太过注意图片中的内容。因此,运营者一定要在主图上放置能够引起用户购买兴趣的有效信息,而不能让信息成为用户浏览的负担。

主图对商品销售来说非常重要,那些内容不全面、抓不到重点的主图引流效果可想而知,是很难吸引用户关注的。因此,运营者在设计商品主图内容时,一定要突出重点信息,将产品的核心卖点充分展现出来,并且加以修饰和润色。同时,对于那些无关紧要的内容,一定要及时删除,不要影响商品主图的信息表达。

8.1.5 打造产品卖点

运营者在抖音平台上带货时,需要深入分析产品的功能并提炼相关的卖点,然后亲自去使用和体验产品,并将产品卖点与用户痛点相结合,通过直播或短视频来展现产品的真实应用场景。打造产品卖点的4个常用渠道如图8-15所示。

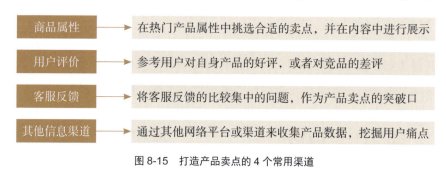

图 8-15 打造产品卖点的 4 个常用渠道

总之,运营者只有深入了解自己带货的产品,对产品的生产流程、材质类型和功能用途等信息了如指掌,才能提炼出产品的真正卖点。在做抖音的带货内容时,运营者可以根据用户对痛点需求的关注程度,来排列产品卖点的优先级,全方位地介绍产品信息,吸引用户加购或下单。

比如,男装产品的用户痛点包括整体外观、细节做工、材质以及搭配等,男性用户通常更在乎产品的舒适度和整体搭配效果。因此,运营者可以根据"材质细节+上身效果+穿搭示例+穿搭技巧+颜色搭配"等组合来制作带货内容或进行商品详情页装修。

运营者要想让自己的产品吸引用户的目光,就要知道用户想要的是什么,只有抓住用户的消费心理来提炼卖点,才能让产品更吸引用户并促使他们下单。

对店铺装修来说,并不一定要设计得很美观大气,而是要能够充分体现商品的核心卖点,从而解决用户的痛点,这样他才有可能为你的商品驻足。比如,运营者卖的产品是收纳箱,收纳箱通常是用来装东西的,此时运营者即可体现出该产品"容量大"的特色,如图8-16所示。

图8-16 收纳箱产品的详情页设计示例

★ 专家提醒 ★

产品的带货内容设计一定要紧抓用户需求,切忌一味追求"高大上",写一些毫无价值的内容,运营者必须知道自己的目标人群想看什么。比如,如果你的目标人群定位是中低端用户,他们要的就是性价比高的商品;如果你的目标人群定位是高端用户,那么他们要的就是品质与消费体验。

运营者一定要记住,用户的痛点才是你的产品卖点。图文、短视频或直播等带货内容中展示的产品信息,如果与用户的实际需求相符合,能够表达出你的商品是他正想寻找的东西,那么点击率自然就会高。

8.2 定位种草内容

如今,用户的注意力已经逐渐向短视频和直播内容上迁移,这种新的内容形式给用户带来了全新的消费体验。同时,在5G(5th Generation Mobile Communication Technology,第五代移动通信技术)时代,短视频和直播内容的质量与规模也将获得爆发式增长。

对于抖音平台的短视频，感性和理性都需要兼顾，同时还要站在用户的角度去进行换位思考，用户的需求就是短视频的卖点。本节将介绍一些短视频的内容定位技巧，帮助运营者快速提升短视频的点击率和转化率。

8.2.1 拍摄使用场景

种草短视频最常拍摄的内容就是商品本身或者商品的具体使用场景，这样可以给用户带来极强的代入感，更利于对用户种草。比如，如果运营者有自己的工厂，就可以直接拍摄工厂的生产环境，这样的短视频内容会显得很真实，能够增强用户的信任度，如图8-17所示。

图8-17 拍摄工厂生产环境的视频示例

另外，运营者也可以在短视频的场景或情节中引出产品，这是非常关键的一步，这种软植入方式能够让营销和内容完美融合，让人印象颇深，相关创作技巧如下。

（1）满足用户需求：通过产品功能解决用户痛点，让产品植入不突兀。

（2）当作剧情道具：将产品作为有趣的道具展现出来，形成创意带货效果。

（3）融入拍摄场景：选择实体店场景拍摄，有利于给线下店铺引流带货。

（4）显眼位置摆放：浅度植入产品，将其放置在视频画面中较显著的位置。

简单而言，归纳当前短视频的产品植入形式，大致包括台词表述、剧情题材、特写镜头、场景道具、情节捆绑，以及角色名称、文化植入、服装提供等，手段非常多，不一而足，运营者可以根据自己的需要选择合适的植入方式。

比如，卖吸尘器的运营者可以策划一个家庭难触及的卫生盲区的场景，然后拍摄自己的吸尘器可以攻克各种清洁难题的视频，采用代入式的体验来激发消费者的内心需求，从而提升商品转化率。

很多时候，用户打开抖音只是随意翻看，并没有很明确的购买需求，但如果用户完播了某个短视频，说明他已经对该商品产生了浓厚的兴趣。此时，运营者需要深挖这些用户的潜在购物需求，通过短视频将他们带入具体的场景中，将其转化为自己的意向客户。

8.2.2 分享干货知识

运营者可以将很多碎片化的知识通过数据来量化，分析这些碎片化知识的基本功能及相关案例，快速找到其中有实用价值的干货内容，从中获取用户痛点并转化为知识产品需求，可以从以下3个方面入手，如图8-18所示。

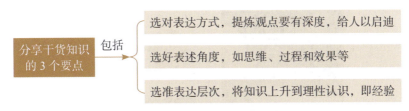

图 8-18　分享干货知识的 3 个要点

在学习各种碎片化知识的过程中，或者在工作、生活当中，运营者都可以对其中的典型经验进行总结，引出规律性的内容，推而广之，从而去掉盲目性，提高科学性。

比如，卖厨具的运营者可以将自己打造成高级厨师的人设，在短视频中拍摄一些美食的制作技巧，然后向用户推荐制作这些美食用到的厨具产品，如图8-19所示。这样不仅可以直接给自己

图 8-19　向用户分享美食的制作技巧

的直播间引流,甚至还可以给线下门店引流。

8.2.3 模仿同行的内容

如果运营者实在是没有任何创作方向,也可以直接模仿同行的优质内容去拍摄短视频。这些优质内容本身就是经过广大用户验证的,模仿这样的内容更容易获得用户认同。

运营者可以借鉴优质短视频的背景音乐、标题文案、拍摄脚本和背景场景等,甚至连视频时长也可以做到一模一样。另外,在模仿同行的短视频时,运营者还可以加入自己的创意,对文案、场景和道具等进行创新,带来新的亮点。很多时候,模仿拍摄的短视频,甚至比原视频更加火爆,这种情况屡见不鲜。

运营者可以借助抖音短视频App的"拍同款"功能,一键使用爆款视频中的背景音乐和道具。在视频播放界面中,❶点击右下角的碟片图标,进入"××创作的原声"界面;❷点击"拍同款"按钮即可,如图8-20所示。

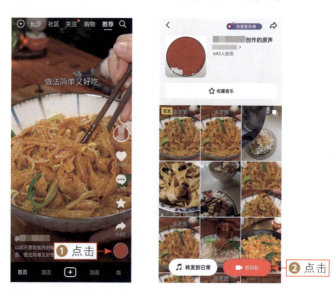

图 8-20 抖音短视频 App 的"拍同款"功能

8.2.4 符合用户喜好

对于抖音平台的带货内容,在"货找人"的商业逻辑下,只要做出让用户喜欢和感兴趣的内容,即可让用户逗留、驻足。即使视频中的商品是高客单价的产品,用户也会乐意承受。

对运营者来说，用户的喜好是必须准确把握的，否则你的产品很难对准用户的胃口，那么自然也难以吸引他们下单了。这种类型的内容需要运营者进行思考，同时还需要结合实际使用场景来进行说明。

比如，某品牌服饰将抖音主播团队打造成"PB女团"（PB为网络流行词，在"饭圈"有写真集的含义），通过鲜明的主播人设特点来传递品牌理念，在主播获得成长的同时也极大地提升了店铺的人气，其内容特色如图8-21所示。

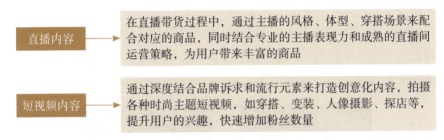

图 8-21　某品牌服饰的内容特色

因此，抖音平台的内容创作需要始终紧跟用户喜好，无论是短视频还是直播，运营者都需要在平台内容趋势与品牌调性中去寻找结合点，从而高效产出优质的内容，让商品准确触达目标用户。

8.2.5　熟悉表达方式

抖音平台上的种草视频主要是围绕卖货的，那么如何让用户通过内容来了解产品呢？下面介绍了5种抖音平台上常见的内容表达方式，帮助运营者实现商品的"宣销"（宣传+销售）合一。

1. 展示类

展示类的短视频是最容易拍摄的，因此被大部分运营者使用。展示类短视频的拍摄要点在于让用户更加直观地看到产品的外观、用法与各种细节问题，给用户带来最直观的产品演示，从而更好地突出产品卖点，以及打消用户的顾虑。

在拍摄带货短视频前，运营者要先想好如何拍，以及拍什么，提前在脑海里演练一下，或者做一些具体策划，不至于在拍摄时无从下手。如果运营者没有特别好的摆拍思路，身边也没有什么能够增强意境的装饰物，也可以直接通过静物台来摆放商品，采用45°角的拍摄角度，通常可以获得不错的视频画面效果。

在拍摄产品短视频时，一定要多注意拍摄角度，可以从多个方向和角度进行拍摄，如俯视、仰视、平视、微距、正面、侧面以及背面等，可以拍摄多段视频，在后期进行剪辑处理，让视频内容看起来更加丰富。

2. 知识类

知识类的短视频主要是指向用户分享一些与产品或行业相关的知识，如揭秘产品的生产过程，或者分享美妆、服饰的搭配技巧，也可以简单地罗列一些知识要点，让用户看完视频后能够有所收获。

图8-22所示为揭秘产品生产过程的短视频示例。该短视频拍摄的是普通人平时很难看到的内容，向用户揭秘竹筐是如何制作出来的，但其核心还是在于突出产品货真价实的卖点。

图 8-22　揭秘产品生产过程的短视频示例

3. 对比类

在短视频中，将自家产品与市场同类产品进行对比，告诉大家你的产品有哪些特点和优势，这等于是帮助用户省去了自己对比的烦恼。对比类短视频的核心在于通过直观地描述产品优点，来影响用户最初的决策认知，让用户产生"买错了""买贵了""买差了"等想法。

注意，在进行产品对比时，尽量用自己的同类产品去对比，不要故意贬低同行。比如，对于手机产品，可以将新品与上一代产品进行对比，突出新品的优势,如拍照更清晰、更防抖等。

另外,运营者也可以拍摄前后效果对比视频。比如,拍摄化妆品的短视频,可以先拍摄没有使用化妆品的皮肤效果,然后再拍摄使用化妆品后的皮肤效果;或者一半脸使用化妆品,另一半脸不使用化妆品,这样的对比非常直观。

4. 功能类

对于功能型的产品,运营者可以将该产品的使用方法拍成短视频,让看到视频的用户快速了解产品的功能特点和使用技巧。

图8-23所示为拍摄产品功能使用方法的短视频示例。该短视频拍摄的是一款电热水壶,运营者不仅详细介绍了电热水壶的基本功能,而且还演示了每种功能的使用方法和使用场景,让用户对产品的功能一目了然。

图 8-23　拍摄产品功能使用方法的短视频示例

5. 场景类

最后,回到本节的第一个主题,那就是场景,这种内容形式几乎适合所有的产品,因为用户购买产品通常是有需求的,因此运营者可以将这种需求通过场景化的剧情表现出来,吸引力会更强。

比如,下面这个短视频拍摄的是一款多功能充电宝产品,不仅可以给手机充电,而且还能当作手机支架用来看电影和听歌,如图8-24所示。运营者要尽可能地为产品营造更多的使用场景,这样可以让用户产生更强烈的购买欲望。

图 8-24 拍摄多功能充电宝产品使用场景的短视频

★ 专家提醒 ★

运营者在拍摄短视频的时候,也可以结合上述 5 种内容表达形式中的两种或多种,这样可以做出更多风格的内容,提升内容的种草效果,以及帮助运营者持续产出优质的内容。

不过,切记一个短视频只体现一个主题即可,这样可以让用户对这个主题产生更深刻的印象。

8.3 运营带货视频

抖音盒子是抖音旗下一个潮流时尚电商平台,在这里可以看到各种潮流资讯、穿搭指南、彩妆护肤等内容,所有的商品都是围绕"潮流"这个定位进行选品和内容创作的。

在抖音平台的基础上衍生出抖音盒子后,很多百万粉丝级别的抖音号都成了名副其实的"带货王",捧红了不少产品,让抖音盒子成了"种草神器"。本节将介绍抖音盒子平台带货视频的运营技巧,让短视频成为一种"自动"售货机,同时也让运营者的电商变现之路变得更好走。

8.3.1 明白基础原则

很多视频创作者最终都会走向带货卖货这条电商变现之路,带货视频能够为产品带来大量的流量和销量,同时让运营者获得丰厚的收入。下面介绍带货短视频制作的6大基础原则，帮助运营者快速提升视频的流量和转化率。

（1）画质清晰，亮度合适。带货视频的内容画质要保证清晰，同时背景曝光要正常，明亮度合适，不需要进行过度的美颜磨皮处理。

（2）避免关键信息被遮挡。注意字幕的摆放位置，不能遮挡人脸、品牌信息、产品细节等关键内容。

（3）音质稳定，辨识度高。运营者在给视频配音时，注意背景音乐的音量不要太大，同时确保口播带货内容的配音吐字清晰。

（4）背景画面干净、整洁。带货视频的背景不能过于杂乱，尽量布置得干净、整洁一些，让用户看起来更舒适。

（5）画面稳定、不卡顿。在拍摄时切忌晃动设备，避免画面变得模糊不清，同时各个镜头的衔接要流畅，场景过渡要合理。

（6）真人出镜，内容真实。对于真人出镜讲解产品的视频，平台是十分支持的，尽量不要完全使用AI配音，同时要保证商品讲解内容的真实性。

8.3.2 熟悉必备要素

与单调的文字和图片相比，视频的内容更丰富，记忆线也比较长，信息传递更直接和高效，一个优秀的带货视频能带来更好的商品销售业绩。如今，短视频、直播带货当道，用户已经没有足够的耐心去浏览商品的图文信息，因此带货视频的重要性不言而喻。那么，优秀的带货视频都有哪些通用必备要素呢？下面分别进行介绍。

（1）实物展示：包括真实货品、真实使用场景和真人试用等内容。

（2）卖点精讲：每个产品精选1~2个卖点，并进行全方位的重点讲解。

（3）有吸引力的开头：可以强调用户痛点来引发共鸣，然后再利用产品来解决痛点；也可以强调痒点来激发用户的好奇心，然后再引出产品。

（4）功效类产品——对比展示：产品使用前后的对比效果要直观、明显。

（5）非功效类产品——细节展示：近距离拍摄实物产品的特写镜头，展示产品的细节特色。

（6）多种方式测试：展示出产品独有的特性，让用户信服，同时还可以加深用户对产品的印象。

（7）退货保障：强调退货免费、验货满意再付款等服务，增强用户下单的信心。运营者可以结合视频的结尾画面，用文字和箭头来引导用户点击"搜索视频同款宝贝"按钮并下单。

8.3.3 设计视频标题

对于带货视频的标题，其作用是让用户能快速搜索到，最后进入店铺下单。标题设计的目的是获得更高的搜索排名，带货视频标题设计的相关技巧具体内容如下。

（1）能够吸引用户注意，给用户好的第一印象。

（2）能够引起用户认同，唤起用户的记忆或引起共鸣。

（3）标题要有场景感、形象感，让用户设身处地感受。

（4）标题包含实用的干货技巧，为用户带来价值和好处。

（5）标题要能够与用户互动，巧妙引导用户点赞、评论。

带货视频的标题文案相当重要，只有踩中用户痛点的标题才能吸引他们去购买视频中的产品，如图8-25所示。运营者可以多参考如小红书等平台中的同款产品视频，找到一些与自己要带货的产品特点相匹配的文案，这样能够提升创作效率。

图 8-25 踩中用户痛点的标题文案

比如，运营者可以在带货视频的标题中添加一些"励志鸡汤"的元素，并且结合用户的需求或痛点，从侧面来凸显产品的重要性，这样的内容很容易引起有需求的精准用户产生共鸣，带货效果也非常好。

8.3.4 刺激用户下单

如果用户看完了你发布的短视频，则说明他对你推荐的内容或商品有一定的兴趣。而视频与图文内容相比，它可以更细致、直观、立体、全方位地展示商品的卖点和优势，能够有效刺激用户下单，提高带货商品的转化率。下面重点介绍可以高效种草转化的5类视频。

（1）横向测评商品类：通过筛选多款商品进行横向测评，帮助用户从多角度快速了解这些商品的特点。

（2）制作过程展示类：运营者可以在商品的工厂或生产基地进行实拍，或者在视频中真实还原商品的制作过程。

（3）商品深度讲解类：运营者可以从多维度专业介绍商品的卖点、价位等信息，同时还可以分享自己的使用体验。

（4）使用教程攻略类：运营者可以介绍商品的购买攻略、使用技能，帮助用户掌握商品的正确使用方法。

（5）多元场景展示类：运营者可以拍一些Vlog（video blog或video log，视频日志、视频记录、视频博客）或者情景剧，然后将产品植入其中，同时还可以通过专业团队打造出高稀缺性、高质感的视频内容。

★ 专 家 提 醒 ★

种草视频可以将日常生活作为创作方向，包含但不限于这几类：穿搭美妆、生活技巧、美食教学、健康知识、家居布置、购买攻略等。

8.3.5 提升购物体验

当产品需要安装或者功能比较复杂时，如果只是用抽象的图文或说明书来展示这些操作信息，用户可能很难看懂，通常都会再次去咨询运营者，这样增加了运营者的工作量，而且部分不会操作的用户甚至会直接给出差评或投诉。

此时，运营者可以制作一些教程类的带货视频，更直观、细致地演示商品的使用方法，做到一劳永逸，提升用户的购物体验。下面重点介绍教程类带货视频的3个制作技巧。

1. 真人演示使用教程

如果产品的使用难度比较大，或者功能比较复杂，如单反相机、汽车用品、化妆产品等，运营者可以通过真人口播演示并进行分步骤讲解，指导用户如何去使用这个产品。

真人演示使用教程的视频不仅简单明了，而且还可以直击用户痛点，能够让用户深入了解产品的相关信息，增加用户在视频播放界面的停留时间，并形成种草效果，以及能够快速达成交易。

2. 分享购买技巧攻略

运营者可以给产品做出一系列购买攻略。比如，运营者想帮用户挑选一款物美价廉的化妆品，则可以教用户如何选择购买地点、如何货比三家更省钱以及如何选到适合自己的化妆品。

3. 分享实用知识技能

运营者可以手把手教用户利用产品解决一些具体的问题，通过分享某种知识、技巧或技能，来售卖相关产品。

8.3.6　丰富场景展示

很多时候，用户打开抖音或抖音盒子等App时只是随意翻看，并没有很明确的购买需求，但如果他点击了"搜索视频同款宝贝"按钮，就说明他已经对视频中的产品产生了浓厚的兴趣。此时，运营者需要深挖这些用户的潜在购物需求，通过带货视频将他们带入具体的场景中，将其转化为自己的意向客户。下面介绍丰富带货视频场景展示的相关技巧。

1. Vlog日常类

运营者可以将带货视频拍成Vlog，从各种生活和工作场景中展示产品，如记录家庭生活、日常工作、职场趣事、探店、旅游等场景，或者在视频中展示试货、选货等环节，击中用户对生活的憧憬。

2. 主题小剧场类

运营者可以尝试搞笑、反转、情侣日常、职场生活等主题的小情节剧，注意不要模仿过于陈旧的剧情套路，而是要学会创新和运用热点事件，增加内容的话题性。

3. 高质感稀缺视频

什么是高质感稀缺视频？通俗地说，物以稀为贵，运营者可以与专业视频团队合作，制作出ins风（Instagram上的照片风格，色彩饱和度低，整体风格多偏向复古冷调）、动漫动画、电影质感、舞台表演风等原创性极强的高质量内容。

本章小结

本章主要向读者介绍了种草短视频的相关知识,帮助读者了解种草视频的玩法,包括产品运营、种草内容定位、运营带货视频等内容。通过对本章的学习,希望读者能够对种草短视频玩法的基本知识有很好的掌握。

课后习题

鉴于本章知识的重要性,为了帮助读者更好地掌握所学知识,本节将通过课后习题,帮助读者进行简单的知识回顾和补充。

1. 种草短视频的内容定位技巧有哪些?
2. 运营带货视频的技巧有哪些?

第 9 章
直播间的开播技巧

本章要点：

直播是当前各平台非常受欢迎的一种内容表现形式，由于其"即时"这一特点，让越来越多的运营者利用该形式进行带货。本章为大家介绍直播间的开播技巧，帮助运营者创建、装饰直播间以及策划带货脚本。

9.1 创建直播间并售卖商品

创建直播间是进行直播带货的第一个步骤，也是不可缺少的一步，而提到直播带货，想到的平台一定不能忘了抖音盒子。本节以抖音盒子为例，为大家介绍直播间开播技巧和售卖商品的操作方法，助力快速掌握抖音盒子的直播带货玩法。

9.1.1 创建直播间

抖音盒子的主要卖货渠道为用户主动搜索、直播间购物车和短视频搜同款，其中直播间的用户下单量是最大的。如今，有越来越多的用户习惯通过直播来"发现商品"和"产生兴趣"，直播将成为未来电商消费的重要场景与渠道。

在抖音盒子App上面不能单独创建直播间，需要通过抖音来创建，下面介绍创建抖音带货直播间的操作方法。

步骤01 打开抖音短视频App，点击底部导航栏中间的⊕图标，如图9-1所示。

步骤02 进入"快拍"界面，点击右下角的"开直播"按钮，如图9-2所示。

图 9-1 点击相应的图标

图 9-2 点击"开直播"按钮

步骤03 执行操作后，即可进入"开直播"界面，如图9-3所示，运营者可以在此完善直播信息，包括封面、标题、直播内容和话题等。

步骤04 比如，点击"选择直播内容"按钮，在弹出的对话框中可以选择相应的直播内容，带货直播间通常选择"购物/电商"选项，这样有助于获得更多兴趣相投的用户，如图9-4所示。完成直播间的信息设置后，点击"开始视频直播"按钮，即可创建直播间。

图9-3 "开直播"界面

图9-4 选择相应的直播内容

★ 专家提醒 ★

直播封面要与直播内容贴合，也可以使用主播的真人照片，这样能够有效促进用户进入直播间。直播标题要能够反映直播内容，增加对用户的吸引力。另外，添加与直播间适配的话题，能够获得更多精准的流量曝光。

9.1.2 添加带货商品

运营者可以先添加商品再开播。在"开直播"界面中，点击"商品"按钮进入"添加商品"界面，如图9-5所示，可以在"我的橱窗""我的小店""专属商品"列表框中选择相应的商品，点击"添加"按钮即可将其添加到直播间购物车列表中。

图9-5 "添加商品"界面

★ 专家提醒 ★

"我的小店"渠道适用于与店铺有绑定关系的抖音号，可以直接添加对应店铺内的商品到直播间。另外，运营者还可以通过粘贴商品链接的方式，将其他商家提供的商品添加到自己的直播间。

如果运营者选择在创建直播间后再添加商品，可以在开直播界面点击购物车图标，然后再点击"添加直播商品"按钮，即可进入"添加商品"界面。

9.1.3 设置商品卖点

在直播间添加商品后，运营者可以给商品设置内容易懂且有吸引力的卖点信息，这样不仅可以让商品更好地与用户进行"交流"，而且还能够有效引导用户转化。图9-6所示为直播商品卖点示例，商品的卖点会展示在直播间的购物车列表中。

图 9-6　直播商品卖点示例

进入巨量百应平台的"直播中控台"页面，❶单击相应直播商品中的 ✎ 图标，弹出"修改商品卖点"对话框；❷在文本框中可以输入15个字以内的商品卖点，如图9-7所示。

在"直播商品"列表中，按住商品卡片前方的 ⋮⋮ 图标并上下拖曳，即可调整商品的排列顺序。运营者也可以通过修改商品序号的方式，快速将商品移动到指定位置。将鼠标指针移至相应的商品卡片上，单击右上角的 × 图标，即可在直播间删除该商品。

图 9-7 输入商品卖点

9.1.4 设置商品讲解卡

运营者在开播过程中,点击购物车图标,在弹出的"直播商品"对话框中点击"讲解"按钮,即可成功设置商品讲解卡。运营者设置商品讲解卡后,在用户端即可看到"讲解中"的标签提示,了解直播间当前在介绍哪个商品,如图9-8所示。

图 9-8 商品讲解卡展示效果

商品讲解卡只会展现一段时间，之后便会自动消失。此时，运营者可以再次点击"讲解"按钮显示商品讲解卡。当商品讲解完毕后，运营者可以点击"取消讲解"按钮，关闭商品讲解卡功能。

9.2 直播间的装修与美化处理

优秀的直播间装修效果能够增强商品氛围，促进用户下单。本节主要以拼多多平台为例，为大家介绍直播间的装修与美化处理技巧，帮助运营者做好直播的视觉营销，从而提升直播带货的效果。

9.2.1 布置场地和角度

在布置直播场地时，需要注意房间面积和直播角度两个方面。

1. 房间面积

直播间的房间面积不宜过小或过大，通常为20～50平方米，这样不仅能够容纳直播设备和主播，而且可以摆放足够多的商品。

（1）房间面积过小：直播间会显得非常杂乱拥挤。

（2）房间面积过大：不仅直播间的装修费用更高，而且整个空间会显得太空旷，同时麦克风也容易产生回音，影响用户的观看体验。

2. 直播角度

主播在直播时，主要包括坐姿和站姿两种姿势，不同的姿势可以选择不同的直播角度，具体内容如下所述。

（1）坐姿直播。

① 主播位置：靠近背景，让主播和商品得到更好的展现。

② 摄像头高度：高角度俯拍，可以让主播显得更好看。

③ 摄像头距离：距离要适中，能看清主播的动作和颜值。

（2）站姿直播。

① 主播位置：紧靠背景，适合服饰试穿等直播场景。

② 摄像头高度：低角度仰拍，可以让主播显得更加高大。

③ 摄像头距离：能展示主播的身体，同时保证主播能够来回走动，给买家展示商品的全貌和细节。

9.2.2 进行灯光搭配

与拍摄短视频相比，直播间的灯光要求稍低一些，通常只需一盏顶灯和两盏补光灯即可。当然，这也是最基本的搭配方案。

1. 顶灯

顶灯通常安装在直播间的房顶上，位置最好处于主播头顶上方2米左右的位置，作为整个直播间的主光源，起到照亮主播、商品和环境的作用。在选择顶灯设备时，可以挑选一些有主灯和多个小灯的套装，这样能够从不同角度照射到主播，让其脸部清晰明亮，同时消除身后的背影，以及确保商品不会产生色差。

顶灯的功率大小主要根据直播间的面积来选择，如20～30平方米的直播间可以选择50W左右的发光二极管（Light Emitting Diode，LED）吸顶灯套装，不仅更加节能，而且还可以更好地控制光线的亮度。

2. 补光灯

直播间通常会用到两盏补光灯，即LED环形灯和柔光灯箱，两者搭配使用来增强主播和商品的直播效果。

LED环形灯通常放置在主播的前方，将色温调节为冷色调，能够消除顶灯产生的阴影，更好地展现主播的妆容造型，以及提升商品的轮廓质感。柔光灯箱则通常是成对购买的，可以放在主播或商品的两侧，其光线均匀柔和，色彩饱和度更好，层次感更丰富。

9.2.3 设计背景装饰

运营者在选择直播间的墙纸或墙漆等背景装饰物时，需要注意以下事项。

（1）不要选择太刺眼的色彩，否则背景墙面容易反光。

（2）不要选择太花哨的样式，否则容易掩盖商品的风头。

（3）尽量选择简约的背景装饰，这样能够让用户的目光更多地停留在商品上。

另外，直播间的背景墙如果是白色的墙壁，则要尽量用墙漆、墙纸或背景布重新装饰一下，来提升直播间的视觉效果。

（1）墙漆或墙纸：尽量选择饱和度较低的纯色墙漆或墙纸，如莫兰迪色系就是非常好的选择。另外，运营者也可以在墙纸上印上品牌的LOGO或名称，来增强用户对品牌的记忆。

（2）背景布：背景布最大的优势是更换起来比较方便，而且成本也比墙漆或墙纸更低，非常适合新手运营者、主播和商家使用。

★ 专家提醒 ★

运营者可以定制背景布，做成品牌墙或者3D图案墙，增强直播间的创意性。

9.2.4 设置商品摆放

电商直播离不开商品，通常主播会同时介绍多个商品，而且同一个商品也有很多不同的款式，因此在直播间摆放商品也非常有讲究，运营者需要根据直播的产品和类目来选择合理的摆放方式。

1. 货架摆放

货架摆放是指将商品置于货架上，放在主播身后，比较适合鞋子、化妆品、零食及书籍等小商品。在使用货架摆放商品时，需要注意以下事项，如图9-9所示。

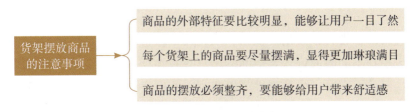

图9-9 货架摆放商品的注意事项

2. 悬挂摆放

悬挂摆放是指用架子将商品悬挂起来，比较适合易于悬挂的商品，如衣服、裤子、雨伞以及毛巾等，能够让用户对于商品的整体效果有一个比较直观的了解。

3. 桌面摆放

桌面摆放是指将商品直接摆在桌子上，放在主播的前面，比较适合美食生鲜、美妆护肤及珠宝饰品等类目的商品。当然，不同类目的商品，摆放方式也有所差别，相关技巧如下。

（1）美食生鲜：可以在桌面上多摆放一些商品，同时主播可以拿出一些食品进行试吃，让直播画面显得更加诱人。

（2）美妆护肤：对于护肤品或化妆品等商品，可以按产品系列类进行分类摆放，突出商品的丰富程度。

（3）珠宝饰品：一次不要摆太多商品，尽量摆放得整齐一些，同时可以用包装盒进行收纳衬托。

9.2.5 进行美颜设置

多多直播也有美颜功能，可以让主播的颜值变得更高，从而让直播间更加有吸引力，得到更多粉丝的关注。

多多直播中的美颜功能主要包括"美白""磨皮""大眼""瘦脸"等。比如，点击"美白"按钮，可以让主播的皮肤显得更加白皙；点击"磨皮"按钮，可以消除主播皮肤上的部分斑点、瑕疵和杂色等，让皮肤看上去更加光滑、细腻；点击"大眼"按钮，可以让主播的眼睛显得更大、更迷人。

★ 专家提醒 ★

在调整美颜功能时，主播可以拖曳菜单上方的白色圆形滑块，调整美颜效果的应用程度。

9.2.6 设置直播公告

直播间的公告牌拥有很多使用场景，而且运营者可以自行策划其中的文案内容，方便在不同时间进入直播间的用户查看本场直播的重点信息，展示效果如图9-10所示。同时，公告牌也可以通过一些样式设计，来提升直播间的装修效果。

图 9-10 直播间公告牌展示效果

下面，介绍设置拼多多直播间公告牌的操作方法。

步骤01 在拼多多商家版App中创建直播间后，在设置菜单中点击"公告牌"按钮，如图9-11所示。

步骤02 弹出"选择样式"对话框，选择一个公告牌模板，如图9-12所示。

步骤03 弹出"公告栏设置"对话框，点击"选择商品"按钮，如图9-13所示。

图9-11　点击"公告牌"按钮

图9-12　选择一个公告牌模板

图9-13　点击"选择商品"按钮

步骤04 弹出"选择小红盒商品"对话框，❶选中相应直播商品左侧的复选框；❷点击"确认选择"按钮，如图9-14所示。

步骤05 如果想要预览公告牌效果，点击"预览"按钮即可。预览完成之后，点击"确认并使用公告牌"按钮，如图9-15所示，即可在该公告牌中成功添加商品。

步骤06 执行操作后，进入该直播间的用户都可以在左上角看到该公告牌。无论用户何时进入直播间，都能够看到公告牌中的信息。

图9-14　点击"确认选择"按钮

图9-15　点击"确认并使用公告牌"按钮

> 全媒体运营：定位策划、矩阵打造、视频种草、直播带货

★ 专家提醒 ★

在直播间的设置菜单中点击"欢迎语"按钮，在弹出的"设置欢迎语"对话框中，运营者可以输入一些用于介绍本场直播特色的文案内容，从而提升新进入直播间买家的停留时长。

在直播间中使用公告牌后，运营者可以在设置菜单中点击"公告牌"按钮，在底部弹出的菜单中可以选择编辑、替换或关闭公告牌。在拼多多平台上，直播公告的内容形式主要有以下几种。

（1）抽奖或秒杀等活动预告。

（2）直播间活动玩法介绍。

（3）主播基本信息描述。

（4）本场直播内容描述。

（5）商品介绍或物流信息。

9.3 带货脚本的基本流程

对于一场成功的拼多多直播，运营者不仅要有好的选品、渠道和主播，而且还要有好的脚本策划。也就是说，运营者在直播间要说一些什么话。直播与短视频一样，都需要策划好脚本。表9-1所示为一个简洁明了的直播脚本范本。

表 9-1 简洁明了的直播脚本范本

××店铺×月×日直播脚本				
直播时间	×年×月×日晚上×点～×点			
直播主题	×××			
直播准备	（场地、设备、赠品、道具及商品等）			
时间点	总流程	主播	产品	备注
×点×分	开场预热	跟用户打招呼并进行互动，引导关注	/	/
×点×分	讲解1号产品	讲解产品：时间10分钟 催单：时间5分钟	×产品	/
×点×分	互动游戏或连麦等	互动：主播与助播互动，发动用户参与游戏 连麦：与××直播间××主播连麦	/	拿出准备好的道具
×点×分	秒杀环节	推出秒杀、甩卖及拍卖等直播商品	×产品	/
×点×分	优惠环节	跟用户打招呼，同时与其进行互动，用优惠价格提醒用户下单，并再次引导关注	×产品	/

直播脚本包括开场、产品介绍、互动、秒杀及优惠等多个环节，运营者只有保证各个环节的流程均滴水不漏，才能有效地把控直播的节奏，让直播间更加吸引人。

9.3.1 直播开场

对于拼多多直播，策划脚本的本质目的在于带货。也就是说，通过事先设计好的剧本和环节，整理出一个大致的直播流程，同时将每个环节的细节写出来，包括主播在什么时间点和谁一起做什么事情，以及说什么话等，来不断引导用户关注直播间和下单购买，实现增粉和成交的目的。

在直播开场阶段，用户的心里通常想的是"这个直播间到底是卖什么产品的"，他们进入直播间后一开始都是抱着"随便瞧瞧"的想法。

因此，主播在开始直播后，要立刻进入状态，跟用户进行自我介绍，话语要有一定的亲密感，来拉近彼此的距离。接下来，主播需要表明本场直播的活动主题，可以先卖个关子，告诉用户本场直播有哪些亮点，主要目的在于吸引用户的目光，让他们停留在直播间。下面介绍一些直播开场脚本的示例。

1. 脚本示例一

（1）第1分钟：快速进入状态，跟最先进来的用户逐个打招呼。

（2）第1～5分钟：拉近镜头拍摄主播或产品的近景，在与用户互动（签到打卡或抽奖）的同时，透露本场直播的主打爆款，并强调每天的固定直播时间。

2. 脚本示例二

（1）第1分钟：说出本场直播的利益点，如每个商品都有抽奖活动、红包派送及大让利折扣等，并通过留言、抽奖活动发动用户互动刷屏。

（2）第1～5分钟：以讲故事的方式，将产品的品牌、厂家、口碑和销量等内容讲出来，引起用户的好奇心，为直播间聚集更多人气。

9.3.2 产品介绍

在开播后的预热阶段，主播要简单介绍一下本场直播的商品清单，让用户了解直播间的主打爆款、优惠力度和活动玩法。同时，主播可以赠送一些直播优惠券，或进行抽奖等预热活动。

在正式的产品介绍阶段，主播要开始挑选一个产品并根据其品类进行详细的介绍，每个产品的介绍时间通常在3～10分钟左右。主播在介绍上一个产品时，也可以时不时地穿插介绍其他的产品，以及直播间的主打产品和活动力度，来吸引更多用户进入直播间。

主播在介绍某个产品时，应该全方位地展示产品的相关信息。以服装产品为例，主播需要介绍服装的搭配技巧和适用场合。图9-16所示为一些产品介绍环节的直播脚本示例。

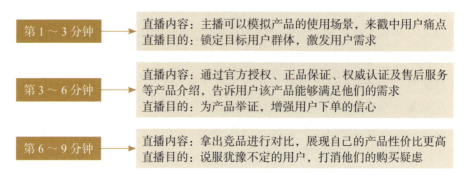

图 9-16　产品介绍环节的直播脚本示例

主播可以使用提问的方式，在介绍产品的功能或效果时，同时引导已经购买的用户说出他们对产品的使用体验。另外，主播也可以配合直播产品的使用场景，激发用户的购买需求。

9.3.3　互动环节

互动环节的主要作用在于活跃直播间的气氛，让直播间变得更有趣，避免产生尬场的状况。在策划直播脚本时，主播可以多准备一些与用户进行连麦互动的话题，可以从以下方面找话题，如图9-17所示。

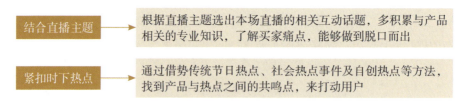

图 9-17　找互动话题的相关技巧

除了互动话题，主播还可以策划一些互动活动，如红包和免费抽奖等，不仅能够提升用户参与的积极性，而且还可以实现裂变引流。下面以免费抽奖为例，为大家介绍相关操作及内容。

免费抽奖活动可以大幅提升直播间的活跃度，提高粉丝黏性。图9-18所示为直播抽奖活动界面与相关规则。另外，用户在参与免费抽奖活动的同时，会自动订阅下一场抽奖活动，可以增加用户在直播间的停留时间。

 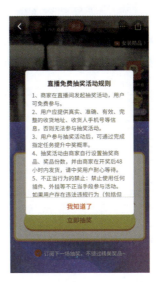

图 9-18　直播抽奖活动界面与相关规则

9.3.4　优惠环节

运营者在发布直播间的预告时，可以将大力度的优惠活动作为宣传噱头，吸引用户准时进入直播间。在直播的优惠环节中，主播可以推出一些限时限量的优惠商品，或者直播专属的特价等，吸引用户快速下单。

在优惠环节，主播需要做好以下两件事。

（1）展现价格优势。前期通过一系列的互动和秒杀活动吊足用户的胃口，之后主播可以宣布直播间的超大力度优惠价格，通过特价、赠品、礼包、折扣及其他增值服务等，让用户产生"有优惠，赶紧买"的消费心理，以此引导用户下单。

（2）体现促销力度。主播可以在优惠价格的基础上，再次强调直播间的促销力度，如前××名下单粉丝额外赠送××礼品、随机免单及满减折扣等，并不断对比商品的原价与优惠价格，同时反复强调直播活动的期限、倒计时时间和名额有限等字眼，营造出产品十分畅销的紧迫感氛围，让用户产生"机不可失，时不再来"的消费心理，促使犹豫的用户快速下单。

比如，运营者可以在直播间创建店铺关注券，用户可以在小红盒商品列表中点击"关注并领取"按钮，在领取优惠券的同时自动关注店铺。用户领取优惠券后，在购买直播间内的商品时即可获得相应的无门槛券。

前面介绍了直播脚本的基本流程和元素，运营者可以按照这些元素来制定自己店铺的直播脚本，同时尽量保持每周更新的频率，多总结和优化脚本，让下一次直播获得更好的带货效果。表9-2所示为一个单场直播的脚本范本。

表9-2 单场直播的脚本范本

直播日期	2023年4月10日星期一
直播时间	20:00—21:30
直播时长	1.5小时
直播主题	××产品直播专场，爆款秒杀
直播样品	准备好直播时需展示的样品，款式尽量齐全，满足不同需求的用户
预估目标	达到10%的引导转化率
直播活动	抽奖、赠品及秒拼等
直播预告	抛出直播价值：晚上8点直播，进场前×分抢福利，只有×个名额，主播在直播间等你们了
预热开场	点明直播主题：欢迎来到××直播间，请大家点下关注，谢谢捧场，主播将会每天×点在直播间为您分享××（根据主播或直播间的定位，为粉丝分享实用的技能等）
时间点	直播节奏
1～10分钟	给出粉丝福利，吸引他们及时进入直播间，同时引导粉丝评论或刷屏互动，了解他们的问题和需求 （1）前3分钟："大家快来抢福利，只有100份，卖完就没有了！" （2）第4分钟："××爆款秒杀优惠，想买的朋友们赶紧下单呀！" （3）第5分钟：第1轮直播抽奖活动 （4）第6分钟："继续抢福利，抢到就是赚到，秒杀单品数量有限！" （5）第7分钟：第2轮直播抽奖活动 （6）最后3分钟：继续催单，并开始做下场直播预热 抢福利话术示例："实体店铺200元，官方旗舰店日常销售价166元，现在直播间只卖99元，错过这次福利，下次还要再等几个月。" 抽奖话术示例："话不多说，先来一波抽奖，麻烦大家添加1号产品到购物车，快速刷起来。"
10～20分钟	当直播间涨到一定流量后，主播可以使用高性价比的引流产品吸引新用户，引导用户关注直播间，提升直播间的搜索权重 引导加购话术示例："××产品性价比超高啦！名额只有××名，超出不补。喜欢的话赶快抢购哦！"
20～70分钟	（1）促单：主播和助播一起与用户互动，稳定直播间人气，不断推出爆款和秒杀款，同时穿插主推款，对产品进行详细的介绍，争取做到利润的最大化 （2）场控：在直播过程中，数据分析和场控人员可根据直播间的观看人数和产品的

续表

时间点	直播节奏
20～70分钟	UV转化率等数据，来引导主播调整主推款 互动话术示例："××产品，你们想看蓝色的还是绿色的？" 爆款话术示例："××产品有10元无门槛优惠券哦，直播间下单不仅可以直接使用，还可以和官方活动价叠加哦。喜欢就直接领取，一个账号限领一张。" 秒杀款话术示例："××产品××点可以秒杀。大家刷刷评论，让主播看到你们的热情，你们的热情越高，主播给的秒杀价格就越低哦！" 主推款话术示例："最后3分钟，想要的朋友抓紧时间哦，只有最后50件了，时间到了立马恢复原价。"
70～80分钟	随着直播间人气的逐步下滑，主播可以通过抢现金红包活动，来提升直播间的活跃度，同时将本场直播呼声较高的产品进行返场演绎，再次助推一下
80～90分钟	在本场直播的结尾部分，感谢用户，并预热下场直播的时间、福利和新款产品 感谢话术示例："感谢大家的关注和陪伴，主播马上就要下播了，希望大家好好休息，明天晚上同一时间我们再聚呀。"

运营者可以用Excel表格来制作直播脚本，把直播间的产品卖点、功能介绍、直播话术、互动玩法、利益点及注意事项等全部写进去，对整场直播进行规划和安排，从而让主播能够把控好直播的节奏。在拼多多平台上，同款产品非常多，但带货的主播却各不相同，主播要做的就是熟悉自己的产品和用户，并按照直播脚本定期进行直播活动，让更多用户成为你的粉丝。

本章小结

本章主要向读者介绍了直播间开播的相关知识，帮助读者了解带货直播间的创建、装修与美化技巧、脚本流程等内容。通过对本章的学习，希望读者能够对直播带货的基本知识有很好的掌握。

课后习题

鉴于本章知识的重要性，为了帮助读者更好地掌握所学知识，本节将通过课后习题，帮助读者进行简单的知识回顾和补充。

1. 如何对直播间进行装修与美化处理？
2. 带货脚本的基本流程有哪些？

第 10 章
直播间的带货技巧

本章要点:

带货变现是全媒体运营的最终目标,而直播带货又是目前最受欢迎的带货方式。正因为它的火爆,如何在一众直播带货中脱颖而出是我们需要学习的。本章将介绍直播间的带货技巧,刺激用户购买欲望,帮助运营者进行高效变现。

10.1 掌握用户购物路径

进行全媒体运营，打造IP品牌，其最终的目的是实现变现。目前，最受用户欢迎的变现方式之一就是直播带货。

想要打动直播间用户的心，让他们愿意下单购买，主播需要先锻炼好自己的直播销售技能，并掌握直播间用户的购物路径。本节以抖音盒子App为例，分享一些关于直播销售的心得体会，来帮助主播更好地进行直播卖货工作。

10.1.1 同步显示直播间

运营者需要授权抖音盒子使用自己抖音号下的短视频和直播间信息，才能将抖音直播间同步显示到抖音盒子平台上。图10-1所示为同一个抖音账号发布的直播间，它可以同时在抖音和抖音盒子两个平台上同步展示，为商品带来更多流量。

图 10-1　同一个抖音账号发布的直播间

虽然直播内容和带货商品一模一样，但两者的功能略微有些差别。抖音的直播间功能更多、更全面，而抖音盒子的直播间则比较简约，只有基本的购物车和礼物功能，更像是一个电商直播间。

10.1.2 优化直播点击率

从整个抖音盒子直播间的用户购物路径上进行分析，可以分为引流、主播吸引力和主播销售能力3个部分。

首先，运营者要从各个渠道增加直播间的展示机会（即曝光量）。当直播间有了引流的通路后，还需要给用户一个让他点击的理由。在抖音盒子平台上，直播的入口随处可见，如"推荐"、"逛街"和搜索结果页等界面。有了展示机会和流量，也就是说用户看到了你的直播间后，如何让他们主动去点击进入直播间呢？

因此，点击率是一个非常重要的指标，没有点击率，就更谈不上用户的互动、关注和下单了。对于直播带货，用户最先看到的是直播间的封面和标题，只要这些内容能够让他们产生好的印象，就能够获得好的点击率。

下面介绍一些直播封面的优化技巧。

（1）版式设计：封面图片的整体版面要饱满、一目了然，商品图片的大小和位置要合适，不能有太多的空白。主播可以从多个角度来展示商品，让用户可以更全面地了解商品。

（2）颜色设计：商品的颜色要醒目，要有视觉冲击力，同时和背景的颜色对比要明显，不要在图片中添加太多的颜色，否则会显得喧宾夺主，影响商品的表现。

（3）符合实际：图片中的商品不能过于设计化，要符合真实情况，同时切忌盗图和照本宣科。

（4）提炼卖点：在设计封面时，可以将产品卖点放进去，这样能够更好地吸引有需求的用户点击和购买。

除了直播封面图，标题和福利对于点击率的影响也非常大。优质的卖货直播间标题不仅要紧抓用户需求，而且要用一个精练的文案表达公式来提升点击率；福利要刺激消费，促进用户转化。下面为卖货类直播标题的一些常用模板。

（1）模板1：使用场景/用户痛点+商品名称+功能价值。

（2）模板2：情感共鸣型标题，更容易勾起用户的怀旧心理或好奇心。

（3）模板3：风格特色+商品名称+使用效果。

（4）模板4：突出活动和折扣等优惠信息。

10.1.3 优化停留与互动

做直播带货，增加用户停留时长和增强互动氛围是相当重要的。这些数据不仅可以提升直播间的热度，让平台给直播间导入更多的自然流量，而且用户观看直播的时间越长，就越容易下单购买，同时客单价也会越高。增加直播间用户停留时间与提高互动的关键因素主要有4个，具体内容如下所述。

（1）主播的人设有个人特色，专业度高。

（2）直播间场景、货品与主播高度匹配。

（3）活动利益明确，对用户的吸引力强。

（4）定时设置福袋红包抽奖，氛围热闹。

比如，主播可以引导用户加入自己的"粉丝团"，用户可以通过做任务来增加与主播的亲密度并提升"粉丝团"等级，从而获得各种特权奖励，如图10-2所示。"粉丝团"是一个连接粉丝和主播的重要功能，是粉丝与主播关系紧密的有力见证，能够有效提升粉丝的停留时长和互动积极性，如图10-3所示。

粉丝团特权	
Lv.1	获得粉丝团勋章 解锁专属礼物【粉丝团灯牌】
Lv.3	解锁专属礼物【为你点亮】
Lv.5	粉丝团升级信息房间内可见
Lv.7	解锁专属礼物【一直陪伴你】
Lv.10	获得专属粉丝团进场
Lv.12	解锁专属礼物【动次打次】

图10-2　"粉丝团"的特权奖励　　　　图10-3　直播间"粉丝团"功能

主播可以通过直播间提供的一些互动功能，来提高和用户的互动频率，不仅能够提高老粉丝的黏性，而且还可以迅速留住新进来的用户，同时有效引导关注和裂变新粉丝。比如，主播可以举行一些抽奖或秒杀活动，提升直播间的人气，让现存的用户有所期待，愿意停留在直播间，甚至还可以激励用户分享直播间。

另外，主播还可以在直播间设计一些互动小游戏，来增加用户的停留时长，这样才能有更多的互动、点击、加购和转化的可能，同时还能为直播间吸引大量的"铁粉"。互动游戏可以活跃直播间的氛围，让用户产生信任感，从而有效吸粉和提升商品销量。

比如，刷屏抽奖是一种参与门槛非常低的直播间互动玩法，主播可以设计一些刷屏评论内容，如"关注主播抢××"等。当有大量用户开始刷屏评论后，主播即可倒计时截屏，并给用户放大展示手机的截图画面，告诉用户中奖的人是谁。

主播在通过刷屏抽奖活跃直播间的气氛前，要尽可能让更多的用户参与，这个时候可以引导他们评论"扣1"，提醒其他用户注意。同时，主播要不断口播即将抽奖的时间，让更多用户参与到互动游戏中来。

10.1.4 优化产品转化率

优化转化率是指当用户进入直播间并长时间停留后，如何达成更多的交易。主播需要熟悉直播间规则、直播产品及店铺活动等知识，这样才能更好地将产品的功能、细节和卖点展示出来，以及解答用户提出的各种问题，从而引导用户在直播间下单。图10-4所示为直播间推荐产品的基本流程，能让主播尽量将有效信息传递给用户。

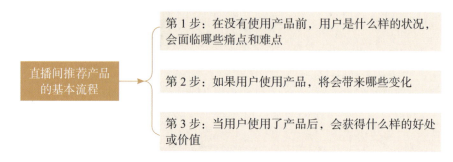

图10-4　直播间推荐产品的基本流程

同时，主播说话要有感染力，要保持充满激情的状态，制造出一种产品热卖的氛围，利用互动和福利引导真实的买家进行下单。

在抖音盒子的直播间中，用户的交易行为很多时候是基于信任主播而产生的，用户信任并认可主播，才有可能去关注和购买产品。因此，主播可以在直播间将产品的工艺、产地及品牌形象等内容展现出来，并展现品牌的正品和保障，为产品带来更好的口碑影响力，赢得广大用户的信任。

比如，在某个卖蛋挞产品的直播间中，主播不仅详细介绍了蛋挞的制作方法，同时还将包装盒拿到镜头前，详细介绍了产品的品牌、保质期和厂家等信息，让观众对产品更加放心，增强他们下单的信心。

另外，主播可以多准备一些用于秒杀环节的直播商品，在直播过程中可以不定时推出秒杀、福袋、满减或优惠券等活动，来刺激用户及时下单，提高转化率。

主播在发布直播间的预告时，可以将大力度的优惠活动作为宣传噱头，吸引用户准时进入直播间。在直播的优惠环节中，主播可以推出一些限时限量的优惠商品，或者直播专属的特价等，吸引用户快速下单。

在优惠环节，主播需要做好两件事，具体内容如下所述。

（1）展现价格优势。前期通过一系列的互动和秒杀活动吊足用户的胃口，之后主播可以宣布直播间的超大力度优惠价格，通过特价、赠品、礼包、折扣及其他增值服务等，让用户产生"有优惠，赶紧买"的消费心理，以此引导用户下单。

（2）体现促销力度。主播可以在优惠价格的基础上，再次强调直播间的促销力度，如前××名下单粉丝额外赠送××礼品、随机免单及满减折扣等，并不断对比商品的原价与优惠价格，同时反复强调直播活动的期限、倒计时时间和名额有限等字眼，营造出产品十分畅销的紧迫感氛围，让用户产生"机不可失，时不再来"的消费心理，促使犹豫的用户快速下单。

10.1.5 优化直播复购率

对于那些带货时间长的运营者，肯定都知道维护老客户提升复购率的重要性。通常情况下，开发一个新客户需要花费的成本（包括时间成本和金钱成本），等于维护10个老客户的成本。

然而，新客户为你带来的收入，往往比不上老客户。因此，运营者需要通过口碑的运营，做好老客户的维护工作，这样不仅可以让他们更信任你，而且还会给你带来更多的效益。维护老客户的主要作用有5点。具体内容如下所述。

（1）老客户是直播间的生存基础，可以保证基本利润。

（2）老客户信任度高，可以为主播节省更多的时间成本。

（3）老客户有自己的行业圈子，是开发新客户的有效途径。

（4）当向老客户推销产品时，成功率更高，可以达到50%。

（5）提升顾客群体的转化率，保持长久的竞争优势。

老客户都是已经在直播间下过单或者熟悉主播的人，他们对主播有一定的了解，主播可以进行定期维护，让老客户知道你一直关心在乎他们，来促进他们的二次消费。不管是哪个行业，运营者都可以通过快速吸粉引流来短暂地增加商品销量。但是，如果你想要获得长期稳定的发展，并且形成品牌效应或者打造个人IP，那么维护老客户是必不可少的一环。

因此，运营者需要了解用户的需求和行为，做好老客户的维护，将潜在用户转化成忠实粉丝，相关技巧如下所述。

（1）对直播间的粉丝进行分类分群，并深入了解他们。

（2）通过客户服务、赠品、新品试用等方式，调动粉丝活跃度。

（3）不能单靠低价，要针对不同人群采用不同的营销手段。

（4）将心比心，真正打动老客户，赢得他们的信任。

抖音盒子的运营重点在于利用各种社交平台，来提高老客户的黏性和复购率，这也是突围流量困境的方式。因为在用户的社交圈中，大家都是相互认识的熟人，彼此的互动交流机会更多，信任度也更高，这个特点是站内流量所不具有的。

在用户社群中，用户的活跃度要明显更高一些，而且主播可以创造与用户对话的二次机会。主播可以使用微信公众号、个人号、朋友圈、小程序和社群等渠道，对私域流量池中的老客户进行二次营销，提高用户复购率，实现粉丝变现。

★ 专家提醒 ★

二次营销还有一个更加通俗易懂的名称，那就是"用户经营"，在如今这个新客户占比逐步降低的电商环境下，老客户的重要性日渐凸显。需要注意的是，二次营销必须建立在用户满意度之上，否则无法提高用户忠诚度。

同时，基于抖音而衍生出来的抖音盒子，在营销过程中还可以加入更多社交元素，让产品信息进入用户社交圈进行扩散，可以使运营者的推广成本明显地降低。

10.2 提升带货转化效果

很多运营者看到别人的直播间中爆款多、销量好，难免会心生羡慕。其实，只要你用对方法，也可以提升直播间的转化效果，打造出自己的爆款产品。本节以抖音盒子App为例，主要介绍直播卖货常用的促单技巧，让用户快速下单。

★ 专家提醒 ★

爆款是所有运营者和商家追求的产品，显而易见，其主要特点就是非常火爆，具体表现为流量高、转化率高、销量高。不过，爆款通常并不是店铺的主要利润来源，因为大部分爆款都是性价比比较高的产品，这些产品的价格相对来说比较低，因此利润空间也非常小。

10.2.1 直击用户痛点

运营者对产品要有亲身体验,并且告诉用户自己的使用感受,同时还可以列出真实用户的买家秀图片、评论截图或短视频等内容,这些都可以在直播间展示出来,有助于杜绝虚假宣传的情况。

图10-5所示为美甲产品的直播间示例。某主播在直播间亲自试用美甲产品,给用户展示产品的使用方法和卸除方法,以及使用后的效果。

图10-5 美甲产品的直播间示例

大部分用户只要进入直播间,就表明他在一定程度上对直播间是有需求的,即使当时的购买欲望不强烈,主播也完全可以通过抓住用户的痛点,让购买欲望不强烈的用户也产生下单行为。

当主播在提出痛点的时候需要注意,只有与用户的"基础需求"有关的问题,才能算是他们的真正痛点。"基础需求"是一个人最根本和最核心的需求,这个需求没解决的话,人的痛苦会非常明显。

主播在寻找和放大用户痛点时,让用户产生解决痛点的想法后,可以慢慢地引入自己想要推销的产品,给用户提供一个解决痛点的方案。在这种情况下,很多人都会被主播所提供的方案给吸引住。毕竟用户痛点被主播提出来后,用户一旦察觉到痛点的存在,第一反应就是消除这个痛点。

主播要先在直播间中营造出用户对产品的需求氛围,然后再去展示要推销的产品。在这种情况下，用户的注意力会更加强烈、集中，同时他们的心情甚至会有些急切，希望可以快点解决自己的痛点。

通过这种价值的传递，可以让用户对产品产生更大的兴趣。当用户对产品有进一步了解的欲望后，主播就需要和他们建立起信任关系。主播可以在直播间与用户聊一些产品的相关知识，或者提供一些专业的使用建议，来增加用户对自己的信任。

总之，痛点就是通过对人性的挖掘，来全面解析产品和市场；痛点就是正中用户的下怀，使他们对产品和服务产生渴望和需求。痛点就潜藏在用户的身上，需要商家和主播去探索和发现。"击中要害"是把握痛点的关键所在，因此主播要从用户的角度出发来进行直播带货，并多花时间去研究，以找准用户痛点。

10.2.2　营造抢购氛围

直播间的互动环节，主要作用在于活跃气氛，让直播间变得更有趣，避免产生尴尬的状况。运营者可以多准备一些与用户进行互动交流的话题，具体内容如下所述。

（1）结合直播主题：根据直播主题选出本场直播的相关互动话题，多积累与产品相关的专业知识，了解用户痛点，能够做到脱口而出。

（2）紧扣时下热点：通过借势传统节日热点、社会热点事件以及自创热点等方法，找到产品与热点之间的共鸣点，来打动用户。

营造抢购氛围离不开助播和场控的帮助，具体介绍如下。

1. 助播的作用

助播，简单的理解就是帮助主播完成一些直播工作，也可以称之为主播助理，具体工作内容如下所述。

（1）直播策划：助播需要协助主播一起进行直播策划，包括策划直播主题和具体内容，以及带货商品的选品定价等事务。

（2）协助直播：在主播直播的过程中，助播需要在直播间完成一些流程性的工作，如整理货物、盘点商品库存和拿货，以及与其他人员沟通直播情况，并及时对直播流程进行调整。

（3）参与直播：助播也需要在直播间适时出镜，帮助主播跟用户一起互动，营造出良好的气氛，并引导用户关注直播间和下单。

对主播来说，助播能够起到锦上添花的作用，一主一辅相互配合，彼此是一种相互依赖的关系。比如，在平台大促期间，当主播的嗓子已经喊哑的时候，助播就要说更多的话，告诉用户怎么领券下单，分担主播的压力。

如果主播的粉丝量非常大，达到了几十万以上，而且粉丝的活跃度非常高，此时就需要增加一些助播人数了。当然，一个助播每天也可以协助多个主播，来延长自己的工作时间，从而获得更多收入。

2. 场控的作用

对主播来说，直播间的场控是一个炒热气氛的重要岗位，不仅可以帮助主播控制直播间的节奏，解决一些突发状况，而且还可以引导粉丝互动和下单。直播间场控的具体要求如下所述。

（1）控制直播节奏：场控需要对直播间的流程和进度了然于胸，时刻提醒主播接下来该做什么，把控好主播的带货节奏。

（2）引导粉丝互动：对粉丝进场要表示欢迎，对粉丝下单要表示感谢，给主播适当送礼进行热场，并提醒主播与粉丝及时互动。

（3）解决突发状况：在直播间出现临时上下架商品、价格库存变动及优惠调整等情况时，场控需要立马处理相关的事务。

对一些小商家来说，如果运营人员的时间足够多，同时能力也比较强，也可以由运营来兼任直播间场控一职。

3. 活跃直播间氛围

在抖音盒子直播间中，主播除了需要充分展示产品的卖点外，还需要适当地发挥自己的个人优势，利用一些直播技巧来活跃直播间的氛围，从而提升用户的黏性和转化效果，相关技巧如下所述。

（1）提升活跃度：主播可以适当地向用户提供一些利益，让他们能在直播间免费获得一些好处，通过利益驱动来提高用户活跃度。

（2）构建真实场景：主播可以通过充满自信的商品介绍，并适当地配合一点肢体动作或语言，把话题集中在商品上，在直播间构建一个让用户"眼见为实"的消费场景。

（3）增加亲密度：主播在直播中可以和用户分享自己的生活，积极回复用户的问题，遇到不懂的地方也可以适当地向用户寻求帮助，这些都可以让双方之间的感情更加亲近。

直播卖货的关键在于营造一种抢购的氛围，来引导用户下单，相关的促单技巧如下所述。

（1）秒杀单品仅剩××件，抓紧时间，不然等会就抢不到啦。

（2）××元优惠券还剩最后××张，大家抓紧时间领券下单。

（3）本场秒杀活动只有最后10个名额了，再不抢就没了。

（4）主播倒数5秒计时，同时助播配合说出产品剩余数量。

其实，直播卖货的思路非常简单，无非就是"重复引导（关注、分享）+互动介绍（问答、场景）+促销催单（限时、限量与限购）"，主播只要熟练使用这个思路，即可轻松在直播间卖货。

10.2.3 掌握销售能力

在抖音盒子平台上，想要打动直播间用户的心，让他们愿意下单购买，主播需要先锻炼好自己的直播销售技能。下面将分享一些关于直播销售的心得体会，来更好地进行直播卖货工作。

1. 转变身份

直播销售是一种通过屏幕和用户交流、沟通的职业，它必须依托直播的方式来让用户产生购买行为，这种买卖关系使得主播会更加注重建立和培养自己与粉丝之间的亲密感。

因此，主播不再是冷冰冰的形象或者单纯的推销机器，而渐渐演变成为更加亲切的形象。主播会通过和用户实时的信息沟通，及时地根据用户的要求来进行产品介绍，或者回答用户提出的有关问题，实时引导用户进行关注、加购和下单等操作。

正是由于主播的身份转变需求，很多主播在直播间的封面上，一般都会展现出邻家小妹或者调皮可爱等容易获得用户好感的画面。

当主播的形象变得更加亲切和平易近人后，用户对主播的信任和依赖也会逐渐加深，甚至还会开始寻求主播的帮助，借助主播所掌握的产品信息和相关技能，帮助自己买到更加合适的产品。

2. 管好情绪

主播在直播卖货的过程中，为了提高产品的销量，会采取各种各样的方法来达到自己想要的结果。但是，随着步入抖音盒子直播平台的主播越来越多，每一个人都在争夺流量，想要吸引粉丝、留住粉丝。

毕竟，只有拥有粉丝，才会有购买行为的出现，才可以保证直播间的正常运行。在这种需要获取粉丝流量的环境下，很多个人主播开始延长自己的直播时间，而商家也开始采用多位主播来轮岗直播的方式，以此获取更多的曝光量，被平台上的更多用户看到。

这种长时间的直播，对主播来说，是一件非常有挑战性的事情。因为主播在直播时，不仅需要不断地讲解产品，还要积极地调动直播间的氛围，同时还需要及时地回复用户提出的问题，可以说是非常忙碌的，会感到极大的压力。

在这种情况下，主播就需要做好自己的情绪管理，保持良好的直播状态，让直播间一直保持热烈的氛围，在无形中提升直播间权重，获得系统给予的更多流量推荐。

10.2.4 进行裂变营销

在抖音盒子平台上，除了自然流量和广告流量，还推出了一种新的裂变营销工具，即通过直播间互动（优惠券）来刺激用户进行私域分享，快速炒热卖货氛围及人气，给直播间带来流量和提升商品交易总额（Gross Merchandise Volume，GMV）。

下面为大家介绍设置裂变营销活动的操作方法。

步骤01 进入"抖店｜营销中心"页面，❶在左侧导航栏中选择"营销工具"｜"裂变营销"选项；❷单击右上角的"立即创建"按钮，如图10-6所示。

图 10-6　单击"立即创建"按钮

步骤02 执行操作后，进入"创建活动"页面。首先设置基础规则和选择合作达人，如图10-7所示。在"授权作者"列表框中可以选择"官方账号""自播账号""其他达人"等方式。注意，裂变营销活动必须关联唯一达人抖音账号，且创建后不可修改。

图 10-7　设置基础规则和选择合作达人

步骤 03 接下来设置优惠信息,包括"分享者优惠"和"被分享者优惠"两个选项,如图10-8所示。

图 10-8　设置优惠信息

★ 专家提醒 ★

其中,"分享者优惠"是指用户得到好友助力后所获得的奖励,建议额度稍微大一些,以便更好地激励用户分享;"被分享者优惠"是指用户的好友助力后所获得的优惠券,建议优惠面额略低于分享者优惠。

步骤 04 设置完成后,单击"提交"按钮即可创建裂变营销活动。此时,对应的主播可以进入巨量百应后台,❶在左侧导航栏中选择"直播管理"|"直播中控台"选项,进入相应的页面;❷在右侧的"直播工具"选项区中单击"分享裂变券"按钮;❸在弹出的"分享裂变券"窗口中单击"投放活动"按钮,如图10-9所示,即可在自己的直播间发布专属分享裂变券,并且最大化地拉动直播间

看播流量和促进单场大促增量。

图 10-9　单击"投放活动"按钮

10.3　打造高质量直播间

很多新主播通常一拿到产品，就马上放到直播间去卖，这样主播很难给观众留下专业的形象，产品的质量也难以保证，往往结果都是主播一直在尬聊，而产品的销量却寥寥无几。

因此，主播开播前一定要策划一份直播脚本，让直播间可以非常顺利地进行下去。同时，也可以让主播显得更加专业，帮助店铺提升产品的销量。本节以拼多多为例，介绍一些直播脚本策划的注意事项，帮助运营者打造高质量的带货直播间。

10.3.1　引出话题

直播不仅要靠主播的嘴皮子，还需要主播多动脑，提前准备好一些能够吸引用户注意力的话题。下面介绍一些直播间常用的话题类型。

（1）娱乐类话题，如聊明星等，不过注意不要诋毁他人。

（2）热搜类话题，可以关注微博热搜，但具有时效性。

（3）时事新闻类话题，注意观点不偏激，尊重不同的声音。

（4）幽默搞笑类话题，老少皆宜，让直播间瞬间乐翻天。

（5）聊用户抛出的话题，对于每个人都要做到真诚、和善。

10.3.2 组合销售

主播可以在直播脚本中充分挖掘潜在消费用户的其他需求，同时可以采用大额满减、拼单返现、多件优惠或产品组合的方式，带动店铺内其他产品的销量。

图10-10所示为牛仔裤产品的直播间示例。在该直播间中，5号产品为引流款，销量达到了4.6万件，同时运营者还配合多件优惠和拼单返现等活动，来吸引通过直播间进入店铺的用户购买更多产品，提升客单价。

图 10-10 牛仔裤产品的直播间示例

以多件优惠活动为例，运营者可以进入拼多多商家后台，在左侧导航栏中选择"店铺营销"|"营销工具"选项，进入相应的页面，在右侧窗口中选择"多件优惠"工具，即可进入相应的页面，单击"创建"按钮，如图10-11所示。

图 10-11 单击"创建"按钮

执行操作后，进入"创建多件优惠"操作页面，运营者需要设置相应的优惠活动信息，包括活动时间、活动商品、优惠设置和活动备注，如图10-12所示。设置完成后，单击"创建活动"按钮，即可创建多件优惠活动。

需要注意的是，多件优惠活动针对的是一个订单，而不是多个订单。也就是说，用户如果分别多次对同一个商品下单，是无法享受多件优惠活动的。多件优惠活动的优惠类型可以分为两种不同的形式，分别为减钱和打折。

图10-12 "创建多件优惠"操作页面

（1）减钱：在商品页中展示"第2件减×元"标签。

（2）打折：在商品页中展示"第2件打×折"标签。

另外，根据爆款产品的推广节奏，运营者可以在多件优惠的阶梯设置中设置不同阶段的优惠力度。阶梯设置最多只能设置4个阶段，即多件优惠最多只支持5件商品。如果用户购买了6件商品，那么第6件商品是没有优惠的，必须全款购买。

★ 专家提醒 ★

拼单返现活动同样也是拼多多平台力推的营销工具，经大数据验证，用得好的运营者可以提升店铺15%的营收。

拼单返现活动是指在一个自然日内，用户在某个运营者的店铺累计消费满一定金额，即可获赠一张平台优惠券，优惠券成本由店铺自行承担。拼单返现活动可以大幅提升客单价，用户为了获取平台优惠券，会下单购买更多商品。

本章小结

本章主要向读者介绍了直播带货的相关知识,帮助读者了解直播间的带货技巧等内容。通过对本章的学习,希望读者能够对直播带货的基本知识有很好的掌握。

课后习题

鉴于本章知识的重要性,为了帮助读者更好地掌握所学知识,本节将通过课后习题,帮助读者进行简单的知识回顾和补充。

1. 提升直播间用户停留时间与互动率的关键因素主要有哪些?
2. 在直播间中,有哪些活跃直播间氛围的技巧?

第 11 章
图书的全媒体运营案例

本章要点：

在前面的章节中，讲了全媒体运营的详细流程与相关技巧，本章将以《手机视频运镜技巧119招：从脚本、拍摄到剪辑》一书为实战案例，为大家介绍全媒体运营的操作方法与技巧，帮助大家学以致用，更全面地精通全媒体运营。

11.1 运营定位

在前面的10章中,为大家讲解了全媒体运营的相关内容,主要包括运营定位、文案策划、内容策划、平台选择、矩阵搭建、矩阵运营、视频种草及直播带货等,从定位策划、矩阵打造、视频种草和直播带货这4大层面为大家详细介绍了全媒体运营的操作技巧。

看完这些内容之后,相信大家已经对全媒体运营有了初步的了解和认识。但是,由于内容太多,可能运营者想要进行全媒体运营,却不知道该从何下手。或者很多运营者直接从中间开始尝试,跳过一些关键的步骤,那么最后获得的效果可能是不尽如人意的。

想要从零开始,全面学习全媒体运营,首先就要做好定位。在本书的第1章已经向大家讲解了全媒体的运营定位。本节将以《手机视频运镜技巧119招:从脚本、拍摄到剪辑》一书为例,带大家进行具体的实操,讲解全媒体运营定位的相关技巧。

11.1.1 目标用户定位

运营者在进行全媒体运营之前,应该要对自己的目标用户有一个详细的认识。如果在推广和营销内容或者产品时,丝毫不了解该内容或产品的目标受众,那么你应该推给谁呢?这就像是在大海捞针,没有目的地做事,即使用尽全力,也达不到想要的效果。因此,在开始全媒体运营前,运营者需要明晰自身内容或产品的目标用户。

《手机视频运镜技巧119招:从脚本、拍摄到剪辑》一书的作者龙飞是一位拥有10年摄影、摄像与短视频拍摄经验的摄影师,同时也是一位视频后期剪辑师、剪映创作师,他在微信公众号"手机摄影构图大全"上分享了许多关于摄影、构图类的知识。

《手机视频运镜技巧119招:从脚本、拍摄到剪辑》一书结构清晰,语言简练、精准,能一语中的地告诉读者运镜拍摄的技巧,适合零基础入门运镜拍摄的读者、热爱拍摄视频的创作者、短视频博主、个人自媒体用户、专业的摄影发烧友,以及各行各业的视频运营者,也可作为各类培训学校和大专院校的学习教材或辅导用书。

11.1.2 用户需求定位

明确了目标用户之后，就需要了解他们的需求，细挖他们的真实需求，根据自身的资源和拥有的产品来最终确定用户需求的优先级。

市场上，用户对短视频的需求大多比较统一，如学习知识、娱乐解闷、解答疑问等。因此，运营者在对用户需求进行定位时，需要考虑到目标用户及其需求，以此来发布更受目标用户喜爱的内容。

比如，市场上的运镜技巧类图书大多只讲了运镜的技巧，对于脚本和剪辑内容的介绍不够全面，因此《手机视频运镜技巧119招：从脚本、拍摄到剪辑》一书的作者龙飞编写了该书。该书从脚本、拍摄和剪辑这3个方面出发，全面、详细地介绍了脚本策划技巧、手机视频拍摄技巧，以及剪辑技巧。用户可以通过该书来提升自身的视频拍摄水平，策划、拍摄、剪辑出更为精美、专业的视频。

11.1.3 内容定位

运营者在进行全媒体运营前，还需要对自身将要发布的内容进行定位，以达到吸引精准人群（即目标用户）的目的，针对目标用户的痛点、需求和问题，提供解决的办法，提供有市场竞争力的内容或者产品，从而精准地引流，实现持续变现。

前面介绍了用户需求定位，运营者可以从这一方面出发，通过用户需求来进行内容的定位。下面以《手机视频运镜技巧119招：从脚本、拍摄到剪辑》为例，为大家介绍相关技巧。

该书主要的用户需求是通过练习相关运镜技巧，来提升自身的视频拍摄水平，因此该书的内容就可以定位于向目标用户介绍脚本、拍摄和剪辑的相关技巧，以及视频拍摄运镜技巧。接下来为大家介绍该书的详细内容。

《手机视频运镜技巧119招：从脚本、拍摄到剪辑》一书共13章，第1章向大家介绍了脚本创作的9个技巧，能帮助读者快速完成拍摄、提高效率；第2章～第11章向大家介绍了9种镜头运镜和8种组合运镜，能帮助读者提高视频拍摄的质量；第12章介绍了后期剪辑、制作的技巧，能帮助读者快速剪辑出精美大片；第13章举了一个拍剪实例，向大家介绍了4步搞定拍剪全流程的具体操作和技巧。

该书从脚本策划到运镜拍摄，再到后期剪辑，都做了全面而又详细的讲解，读者可以方便、准确地进行相关操作。

通过对《手机视频运镜技巧119招：从脚本、拍摄到剪辑》一书的学习，读者可以快速从视频拍摄小白进阶成为运镜大师，拍摄并制作出实用且精美的视频。

11.1.4 特色定位

特色定位是指运营者将要发布的内容或产品的独特之处及优势展示出来让用户去观看或者购买它，而不是去购买同类的竞品。进行全媒体运营，运营者要对自身的内容或者产品有一个清晰的认知，通过目标用户去做特色定位，这样才能抓住用户的痛点，吸引到更多、更为精准的用户，增加引流变现的机会。

《手机视频运镜技巧119招：从脚本、拍摄到剪辑》一书主要有4个特色，具体内容如下所述。

（1）教学演示视频：现在的用户都喜欢通过观看教学视频来学习相关的操作，因此本书也提供了教学演示视频。

（2）抖音热门运镜：本书从抖音热门的500个运镜技巧中，提炼出了100组运镜实拍方法，具体包括：9种推镜头、11种拉镜头、10种移镜头、12种摇摄运镜、11种跟随运镜、10种跟摇运镜、11种环绕运镜、9种升降运镜、9种特殊运镜和8种组合运镜。

（3）写、拍、剪一条龙：现在短视频市场面临一个困境，就是有些人会写脚本、会拍摄，但是不会剪辑；或者会拍摄、会剪辑，但是不会写脚本等，这些都是运营者需要关注的问题。而该书就从这一困境出发，从脚本、拍摄到剪辑3个方面讲解了视频拍摄的技巧，可以让用户一本书精通写、拍、剪。

（4）额外超值赠送：购买该书，即可享受赠送的大礼包，一是书中所有案例的素材、效果文件，共130个；二是《剪映短视频剪辑从入门到精通（手机版+电脑版）》的教学视频56集；三是200多页本书配套的教学PPT课件。

11.2 设计吸睛文案

在本书的第2章中，已经向大家介绍了吸睛文案的设计技巧了，相信大家对于文案设计已经有了一定的认识。

文案是能传达运营者想法和情感的工具，也是传递文章思想和产品卖点非常重要的要素之一，进行全媒体运营离不开文案。

第11章　图书的全媒体运营案例

比如，运营者想要推销自家的某个产品，就不能只是单独地把产品发到各个平台上面，然后进行矩阵运营，这样用户根本就看不懂你是什么意思。是想说这个产品好还是不好？是要上架这个产品还是要跟用户说这个产品有什么问题需要注意？

所以，运营者进行全媒体运营前，要对准备发布的内容做一定的文案说明，特别是以短视频、图片等形式发布内容时，要告知用户自己发布该内容的本意，以及内容的详细情况。只是单纯地发布产品的话，可能会出现许多不同的理解。

而文案又包括标题和正文，从这两个层面出发，再结合定位，运营者就可以设计出更加吸睛的文案，从而吸引更多的用户。

本节将以《手机视频运镜技巧119招：从脚本、拍摄到剪辑》一书为例，为大家介绍设计吸睛文案的相关技巧。

11.2.1　标题设计

运营者在进行文案设计之前，首先要提炼一个精准、新颖的标题，可以是疑问类的，也可以是夸张类的，只要有新意，能吸引到用户的就是一个好的标题。除此之外，标题还需要跟文章的主题有联系，不能太过跳脱。

以《手机视频运镜技巧119招：从脚本、拍摄到剪辑》一书为例，该书名就是文案中的标题。从这一书名中，我们可以理解到3个意思，具体内容如图11-1所示。

图 11-1　从《手机视频运镜技巧119招：从脚本、拍摄到剪辑》可以理解到的3个意思

那么，很多运营者就在想，该书名是怎么被确定下来的呢？为什么是这个书名呢？下面就来为大家介绍这个书名的优势所在。

（1）热点式：用手机拍摄视频在当前非常热门，因此该书名中就加入了"手机视频"这几个关键字，以此来吸引更多用户的关注。

（2）数字式：该书名中强调了"119"这个数字，不仅可以向用户表达本书的技巧多，而且数字详细、具体，能增强该书的可信度，从而吸引读者购买观看。

（3）关键词：通过手机视频、运镜技巧、脚本、拍摄、剪辑等几个关键词，点明了目标用户的痛点与需求，会提高用户对该书的关注与好感。

11.2.2 写作方式

写作方式是拉开同类竞争账号内容的重要之处，因为同类竞争账号发布的内容的主题肯定跟你的一样，那么如何拉开两者的差距，让用户被你的内容吸引呢？写作方式就是其中一个要点。

试想一下，同一篇文章，一篇毫无章法可言，完全按照自己的想法一路写下去，想到什么写些什么；另一篇则是有一定的技巧，从账号定位、产品定位、用户定位等多个途径讲解内容，将文章要点明确摆出来。显而易见，后一篇文章会更受欢迎。

《手机视频运镜技巧119招：从脚本、拍摄到剪辑》一书的写作方式有3个特点，具体内容如下所述。

（1）因为这本书是讲运镜技巧的，所以该书采用了"技巧普及型"这一方式来进行写作。每一个技巧都落到实处，向读者讲解了技巧的作用、效果，以及具体的操作步骤和方法，实用性非常高。

（2）该书每两页一个运镜案例，最上面是标题，即具体的运镜技巧，极具规律性，能够增强读者阅读时的体验感。

（3）该书在每一个案例的片头都放置了二维码，读者可以使用手机进行扫码，观看教学演示视频，如图11-2所示。

图 11-2　通过手机扫码观看教学演示视频

11.2.3 写作技巧

内容写作是文案设计中最关键的一步，也是引导用户做出最终想法的关键因素之一。在本书第3章中，已经介绍了内容写作的相关技巧，相信大家可以熟练地运用。

《手机视频运镜技巧119招：从脚本、拍摄到剪辑》一书主要讲的是运镜技巧，因此本书的语言风格是非常专业化的，不论是内容，还是字句的撰写与表述，都极为专业，明显是拥有很多年拍摄经验才能写出来的书。

该书的写作技巧有3个特点，具体内容如下所述。

（1）表格式：该书通过表格来分析脚本和实战图解，以5部曲的方式分别讲解了脚本、设备、景别、拍摄示例和实战图解等内容，如图11-3所示。

（2）温馨提示：该书在每一节运镜技巧的后面都有一个"温馨提示"，主要目的是提醒读者，在运用该技巧去进行实战拍摄时需要注意的事项。

（3）实战笔记：每一节运镜技巧的最后都有一个"实战笔记"，这里是用来给读者记笔记的地方，能让读者在阅读完一节运镜技巧后，记下自己的总结与感想。

图 11-3 通过表格来分析脚本与实战图解

11.3　全媒体矩阵搭建与运营

在本书的第4章～第6章中，向大家介绍了全媒体的平台选择、全媒体的矩阵搭建，以及全媒体的运营建设等内容，相信大家对全媒体矩阵的搭建与运营已经有了一定的认识与了解。

搭建与运营矩阵是一个能够联合各个平台的重要方法之一，有利于形成个人

IP,在全平台产生一定的影响力。进行全媒体运营,离不开全媒体矩阵的搭建,运营者可以将内容在全平台发布,让账号在平台上形成一定程度的影响,从而有利于运营者整合各平台的流量,提高转化率,最终实现带货卖货。

本节以《手机视频运镜技巧119招:从脚本、拍摄到剪辑》一书为例,为大家具体介绍全媒体矩阵搭建与运营的相关技巧。

11.3.1 公众号运营

微信公众号是微信中非常重要的一个功能,只要做好了这部分相关的内容,其营销效果是非常可观的。

《手机视频运镜技巧119招:从脚本、拍摄到剪辑》的作者在自己的微信公众号"手机摄影构图大全"上推荐软文,不仅向读者交代了该书的内容信息,而且还提供了购买链接,如图11-4所示。

图 11-4 借助自己微信公众号来推广书籍

运营者除了可以采用自己的微信公众号来推广营销产品,还可以跟一些粉丝量比较多的微信公众号合作,将自己产品的广告放到这些公众号上,然后支付一定的广告费。总的来说,公众号运营吸引到的私域流量是非常精准的,很适合进行产品变现。

11.3.2 朋友圈运营

运营者可以利用自己的个人微信或企业微信，在微信朋友圈中发布推广信息。运营者在发布推广信息时，可以用委婉的方式向他人推荐产品。因为以推荐的方式将产品展现给大家，不会给人一种强行营销之感，更容易让人接受，如图11-5所示。

图 11-5 在微信朋友圈发布推广信息

而且，因为微信是一个私域流量池，所以在朋友圈发布推广信息也可以和微信好友进行沟通、交流，非常方便。

11.3.3 微信号精准群发

在微信平台中，还有一种更为精准的运营推广功能，那就是群发功能。群发功能可以由运营者直接选定信息接收对象，省时省力，非常适合群发对象非常多的运营者。而且，该功能跟平常的聊天功能一样，接收对象不会知晓是群发，这会让接收用户觉得自己受到了重视，会更加关注你发布给他的信息内容。

运营者可以利用自己的个人微信号，通过精准群发功能来发布《手机视频运镜技巧119招：从脚本、拍摄到剪辑》一书的推广信息。

需要注意的是，运营者要注意自己的措辞，不能让用户反感。而且，最好有一个称呼作为开头，这样缩小和用户的距离。如果用户刚好对你发给他的内容感兴趣，就会回复你的，如图11-6所示。

图 11-6　使用微信号精准群发功能发布推广信息

11.3.4　视频号运营

近几年来,随着短视频的火爆,越来越多的人加入短视频行业,运营者想要进行全媒体运营,也可以在重视短视频这种发布形式的平台上发布短视频形式的内容,借此来推广产品。

运营者可以利用自己的个人微信视频号,来发布推广信息,让更多的人看到该内容,扩大宣传范围,吸引精准粉丝。

比如,《手机视频运镜技巧119招:从脚本、拍摄到剪辑》作者在其微信视频号中,对该书进行了宣传,如图11-7所示。

图 11-7　在微信视频号上推广信息

★ 专家提醒 ★

对于视频形式的内容，需要特别注意质量，而且短视频的时长又比较短，因此短视频中的内容需要极为精炼。运营者可以在短视频的最后提及一下要宣传的产品，或者直接在评论中置顶相关信息。用户在观看短视频的时候被你的内容吸引了，就会继续看下去，并且看到短视频后面的内容或者评论。这样就容易产生很好的推广营销效果，为自己的产品来宣传造势。

11.3.5 快手运营

运营者在快手平台上进行营销推广时，最好不要直接进行广告的植入，这样会让用户产生抗拒心理。相反，运营者可以在要推广的内容中植入产品，从而产生更好的推广效果，达到造势的目的。

快手是一个短视频平台，能够在很短的时间内就传达出全面、完整的信息，这对于推广产品是非常有利的。但是，在运营快手时，运营者还要注意几个方面，具体内容如下所述。

（1）在快手平台上，大多数用户都是利用碎片化的时间来刷短视频的，所以要对产品宣传视频的时长进行控制，最好在1分钟以内，不然会让用户感觉无聊。

（2）运营者需要持续输出优质的视频内容，不仅注重量，更要重视质。因为快手平台是算法机制，除了将你推荐给感兴趣的用户，还会将其他热门的同类型账号推荐给用户，如果你不能持续进行输出的话，就很有可能会掉粉。

下面将继续以《手机视频运镜技巧119招：从脚本、拍摄到剪辑》一书为例，该作者不仅在其快手号上分享书中的相关案例，还在其主页对该书进行了宣传，如将该书的宣传图设置为主页封面，又比如在个性签名栏添加图书信息，如图11-8所示。

图 11-8 内容 + 主页宣传案例

11.3.6 当当运营

当当网是一个电商平台,能够直接呈现出产品在市场上的受欢迎程度,做好该平台的运营是非常重要的,因为用户到该平台搜索相关产品,就说明有想要购买的冲动了。这时候,相关产品的评价、销售排行就显得格外重要。

在《手机视频运镜技巧119招:从脚本、拍摄到剪辑》一书进行网络营销之后,特别是在当当网一上线,便取得了非常好的成绩,拿下了当当网摄影类新书榜的第1名,如图11-9所示。

图 11-9　当当网摄影类新书榜

因此,运营者可以向《手机视频运镜技巧119招:从脚本、拍摄到剪辑》的作者学习,让自己的产品也进入电商平台的某个排行榜,能被更多的兴趣用户看到,如新品榜、热卖榜、畅销榜等。

11.3.7 拼多多运营

如果说当当网是一个纯粹的电商平台,那么拼多多则拥有更多的功能。因为拼多多是一个第三方社交电商平台,所以能够更好地实现网络营销和产品推广这一目的。在用户购买某一件产品之后,通过分享、评价等渠道,可以让该用户的好友看到,以此相互传导,为运营者带来更多的消费用户,实现流量的快速裂变。

拼多多有3种登录方式,包括手机号、微信和QQ,大部分用户因为支付方式,都会选择使用微信来登录,因为这样付款会更方便。而微信又是一个流量极大的社交平台,用户在拼多多购买商品,可以通过发起拼团这一形式来用更低的价格购买商品,或者是通过助力这一方式,吸引更多的用户进行分享。

拼多多平台流量大，而且入驻条件也很低，大部分账号都可以直接开店。拼多多平台上面的商品大多数主打低价，同一个商品，在其他电商平台上面可能比在拼多多平台上贵，因此拼多多平台的销售数据非常漂亮。

比如，《手机视频运镜技巧119招：从脚本、拍摄到剪辑》这本书在拼多多平台上面的价格明显比京东要低一些，这也是运营者在运营拼多多平台时需要注意的点，如图11-10所示。

图 11-10　京东价格（左）与拼多多价格（右）

因此，运营者需要考虑很多的因素，如平台特点、产品成本、物流成本等。运营者必须去迎合平台的偏好，这样才能受到平台的欢迎。

11.3.8　头条运营

今日头条能根据用户的兴趣、性别、所处位置、历史搜索和经常查看，推送与此相关的新闻给用户。所以，运营者可以利用今日头条平台来宣传、推广自己的产品。

下面还是以《手机视频运镜技巧119招：从脚本、拍摄到剪辑》一书为例，为大家介绍如何去运营今日头条平台。

《手机视频运镜技巧119招：从脚本、拍摄到剪辑》的作者有自己的头条号——"手机摄影构图大全"。在今日头条的平台上，作者通过对该书的内容进行介绍，着重表现该书可以提供给用户的技能，如提炼了119招，其中包括100组运镜实拍法、9个拍摄前的脚本创作技巧、10种剪映后期剪辑方法等，吸引对该内容感兴趣的精准用户，如图11-11所示。

图 11-11　通过今日头条进行精准营销

11.4　视频种草

在本书的第7章～第8章中，已经为大家介绍了关于视频种草的相关内容，主要包括爆款种草视频的制作和更多的种草视频玩法。

种草视频主要是指通过短视频的优势，来为要宣传的产品提供更多的流量，从而提高该产品的销量。那么，如何来制作种草视频呢？一个火爆的种草视频离不开脚本、内容和推广运营。在制作种草视频时，全媒体运营者要学会策划脚本、剪辑内容，以及分享宣传视频等。

本节将以《手机视频运镜技巧119招：从脚本、拍摄到剪辑》一书为例，为大家介绍制作种草视频的相关技巧。

11.4.1　策划短视频脚本

全媒体运营者在制作种草视频前，需要提前策划好短视频的脚本，深入了解产品，提炼出产品最核心的卖点，根据目标用户的痛点向其展示产品的优势，这样才能更精准地吸引到用户，展示种草视频的优势所在。

接下来，将以《手机视频运镜技巧119招：从脚本、拍摄到剪辑》一书为例，为大家介绍策划短视频脚本的相关技巧。

《手机视频运镜技巧119招：从脚本、拍摄到剪辑》一书的主要内容是关于视频运镜技巧的，所以该书作为种草短视频的宣传产品时，需要着重体现运镜技巧的相关知识、图书的优惠内容等。

表11-1所示为《手机视频运镜技巧119招：从脚本、拍摄到剪辑》一书的短视频宣传脚本。

表 11-1 《手机视频运镜技巧 119 招：从脚本、拍摄到剪辑》的短视频宣传脚本

镜头	内容	文案	运镜
1	图书封面和宣传文案	（1）手机视频运镜119招； （2）一本书助力小白变身运镜达人； （3）超易上手 方便学习 全书扫码看视频	固定镜头
2	图书360°旋转展示	/	固定镜头
3	视频课教程和PPT课件展示	（1）赠送217集运镜视频课教程+PPT教学课件； （2）视频教学+成品效果+素材（获取方式见书封底）	图片切换
4	图书二维码视频展示	本书案例教学+成品效果视频，扫码观看	固定镜头
5	图书内部页面展示	脚本设计+拍摄实战，一张图解清晰展示	后拉运镜
6	图书主要内容展示	10种移镜头运镜&12种遥摄运镜：充分表现人物的镜头感	视频切换
		11种跟随运镜&10种跟遥组合运镜：体验强烈的空间代入感	
		9种推镜头运镜&11种拉镜头运镜：丰富画面烘托氛围	
		11种环绕运镜&9种升降运镜：让画面更有张力	
		希区柯克&旋转拍摄&极速切换：让你的视频更有故事感	后拉运镜、前推运镜、固定镜头
7	图书的优势文案	拍摄高质量、吸引人的视频，运镜技巧有何优势	图片切换
8	图书的学习内容	玩转手机视频脚本、运镜与剪辑，跟着本书学什么	图片切换

11.4.2 剪辑短视频内容

剪辑短视频内容是制作出爆款种草视频非常关键的一步，需要运营者将短视频剪辑得更为精短，除了时长，运营者还可以为其添加一个合适的背景音乐，或者在该短视频上面添加一些文字、特效等，以此来增加用户对短视频的好感，从而提高该产品的种草转化率。

比如，制作《手机视频运镜技巧119招：从脚本、拍摄到剪辑》这本书的种草视频，运营者就将该视频的时长控制在了1分钟之内，而且为其添加了合适的背景音乐、文字介绍等，如图11-12所示。

图 11-12 剪辑种草视频的内容

★ 专家提醒 ★

目前，大多数运营者使用的视频剪辑软件是剪映 App，因为它跟抖音号同步，运营者在该软件上剪辑完视频之后，可以选择直接跳转至抖音，然后将视频发布到抖音平台上。所以，如果运营者想要在抖音平台上发布种草短视频的话，就可以使用剪映 App 来剪辑、制作视频，这样会更节省时间。

除此之外，剪映 App 上面的功能都是免费的，而且文字样式、音乐、贴纸、特效、视频素材、滤镜、动画效果等功能十分详尽、精美，非常适合新手剪辑师和运营者。

11.4.3 分享到抖音种草

视频剪辑完成之后，接下来最后一步就是将其分享到各个平台上面，如抖音、快手等。视频分享是该视频面向用户前的最后一个步骤，很多运营者认为该步骤没有什么难度，但其实不然，发布也是有技巧的，具体内容如图11-13所示。

图 11-13 发布短视频前的技巧

下面还是以《手机视频运镜技巧119招：从脚本、拍摄到剪辑》一书为例，该作者在其抖音号上分享了该书的宣传视频,如图11-14所示。

图 11-14　在抖音号上分享宣传视频

★ 专家提醒 ★

除了将种草视频分享至抖音平台,运营者还可以通过修改抖音号主页的账号简介,或者通过修改账号头图和账号头像来宣传产品,这样能让用户一眼就注意到该产品。

《手机视频运镜技巧119招:从脚本、拍摄到剪辑》一书的作者还为该书制作了宣传视频,如图11-15所示。

图 11-15　作者为该书制作宣传视频的画面

11.5 直播带货

在本书的第9章和第10章中,为大家介绍了直播带货的相关内容,它的关键点在于3个步骤,包括创建直播间、添加商品和进行直播带货。

11.5.1 创建带货直播间

全媒体运营者在进行直播带货前,首先需要创建一个带货直播间,给用户一个了解产品的机会。

京东、淘宝、拼多多、抖音、快手等电商平台近几年的发展势头迅猛,而且绝大多数商家都开始使用直播带货这一功能,来宣传自家的产品。主要方式是商家在直播间发放一些直播优惠券,只有观看直播的用户才能领取,领取之后就可以降低商品原来的价格,以此来获取优惠,提高销量。

因为在上一节中使用了抖音平台作为例子进行讲解,这里就以拼多多平台为例,创建一个带货直播间,来宣传《手机视频运镜技巧119招:从脚本、拍摄到剪辑》一书,详细步骤如下。

❶进入拼多多商家版后台的"首页"界面,点击"多多直播"按钮,进入"多多直播"界面;❷点击"开始直播"按钮;❸执行操作后,点击"开始直播"按钮,即可完成带货直播间的创建,如图11-16所示。

图 11-16 创建拼多多带货直播间

11.5.2 添加商品

完成带货直播间的创建之后,运营者就需要将带货商品添加到直播间去,这一步骤能让用户在进入直播间后,直接在直播间的购物车中搜索到该商品。

下面以《手机视频运镜技巧119招:从脚本、拍摄到剪辑》一书为例,为大家介绍将其添加到带货直播间购物车中的步骤。

步骤01 开启多多直播,在直播界面中点击"添加商品"按钮,如图11-17所示。

步骤02 执行操作后,弹出对话框,点击右侧的 Q 图标,如图11-18所示。

步骤03 执行操作后,❶输入商品的名字;❷点击"搜索"按钮;❸选中对应商品左侧的复选框;❹点击"1/200 确认添加"按钮,如图11-19所示。

步骤04 执行操作后,在"全部商品(1)"对话框中会显示"已成功添加1个商品"字样,如图11-20所示,即可完成该商品的添加。

图 11-17 点击"添加商品"按钮

图 11-18 点击相应的图标

图 11-19 点击"1/200 确认添加"按钮

图 11-20 显示"已成功添加 1 个商品"字样

11.5.3 直播带货

添加完商品之后,运营者就可以开始讲解商品,进行直播带货了。下面以拼多多直播为例,为大家介绍《手机视频运镜技巧119招:从脚本、拍摄到剪辑》一书的直播带货操作步骤。

步骤01 在多多直播间添加好商品后,返回直播界面,点击"选择商品讲解"按钮,如图11-21所示。

步骤02 弹出对话框,点击商品右下角的"立即讲解"按钮,如图11-22所示。

步骤03 弹出相应的对话框,点击"确定"按钮,如图11-23所示。

步骤04 执行操作后,界面中显示倒计时,如图11-24所示。

步骤05 执行操作后,即可开始该商品的直播带货,如图11-25所示。

图11-21 点击"选择商品讲解"按钮

图11-22 点击"立即讲解"按钮

图11-23 点击"确定"按钮

图11-24 显示倒计时

图11-25 开始商品的直播带货